HASCH

www.editions-jclattes.fr

Bruno Laforestrie

Avec la collaboration
d'Augustin Langlade

HASCH

LA HONTE DE LA RÉPUBLIQUE

JC Lattès

Maquette : Pierre Martin Vielcazat

ISBN : 978-2-7096-6835-4

Première édition octobre 2020

À mon frère François, un ange dans le ciel.
Pour mes enfants Paloma et Xabier.
Grâce à mon épouse Covadonga.

Introduction

Chacun porte en soi ses révoltes. Le plus souvent, elles trouvent leurs sources dans notre passé, nos expériences de vie, nos engagements. Les miennes ont toujours été en faveur du progrès. À mes yeux, progrès et révolte ne sont pas antagonistes, au contraire. Nos révoltes individuelles et collectives sont facteurs de progrès. Qu'il s'agisse de l'opposition au fascisme, de la conquête des droits des ouvriers d'hier, de la lutte écologique d'aujourd'hui, ces révoltes illuminent notre avenir.

Je me suis souvent interrogé sur ma capacité à faire bouger les lignes, et on dit qu'il faut choisir ses luttes. Alors que dénoncer aujourd'hui ? La réponse est simple : ce que je vois se développer en bas de chez moi, qui fait l'objet de discussions enflammées avec mes enfants devenus adolescents.

Ma République est en danger. Elle met en péril la vie d'une frange importante de sa population, en laissant prospérer un État souterrain sous nos yeux. Depuis trente ans, il s'est installé massivement sur la quasi-totalité de notre territoire, et nous n'avons pris à aucun moment la mesure de son impact culturel, social et économique. Cette société au sein de la société, nous l'avons nourrie en appliquant des politiques répressives qui ont englouti des milliards, ne prouvant que notre impuissance.

Sur ce monde souterrain, je refuse de porter un jugement moral tant sur un mode de vie que sur un type de consommation. Mon ambition est de mettre au centre du débat public un système d'inégalités, d'exclusions et d'injustices, dont la société du cannabis est l'une des causes.

Vous penserez peut-être qu'il ne s'agit là que d'un détail, d'un réseau illicite comme il en a toujours existé, d'un dixième de point de PIB dans l'économie de notre pays. Détrompez-vous.

Détrompons-nous. Ma parole ne porte pas sur un comportement déviant, mais sur une injustice générationnelle. Ma parole ne porte pas sur la « fumette » ou le « chichon », mais sur le traitement que nous réservons à notre jeunesse, sur l'abandon délétère des quartiers populaires, sur un capitalisme effréné, sur la maltraitance inutile de notre police.

Je veux dénoncer ici une faillite évidente de notre République. Nous devons comprendre la portée politique et l'enjeu civique d'une situation qui devient intenable et qu'aucun gouvernement n'a réussi à régler jusqu'à ce jour.

Nous sommes tous le fruit d'une histoire génétique, politique et culturelle : la mienne fut jalonnée par l'idéal républicain. Par mes origines, mon parcours, mes engagements, mes échecs et mes réussites, cet idéal qui m'a nourri vit aujourd'hui en moi. C'est parce que la République m'a fait, que ses errements m'affectent.

La France a d'abord été pour moi une terre d'accueil. Mon père est né à Port-au-Prince en Haïti, ma mère à Montréal au Canada. Après l'accession au pouvoir du dictateur Duvalier en 1957, la famille de mon père, qui comptait neuf enfants, fut menacée par le régime. Elle partit s'installer à New York pour repartir de zéro. Refusant de s'engager dans la guerre du Vietnam, mon père René posa ses valises au Canada où il rencontra ma mère. C'est par amour pour l'idéal français que mes parents vinrent habiter à Paris en 1969 : la France ne les a pas choisis, ce sont eux qui ont choisi la France. Pour ma part, je suis né à Paris en 1972, et j'ai été naturalisé en 1976 avec mes parents : c'est donc la France qui m'a choisi.

La France fut également pour moi la république du mérite et de la mixité sociale. Comme la plupart des jeunes de ma génération, j'ai eu la chance de profiter d'une école publique ouverte et gratuite, alors que j'ai grandi dans des quartiers populaires. Parce que j'avais été élevé dans un certain mythe de la gauche, et peut-être par gratitude aussi, j'ai adhéré dès dix-huit ans au Parti socialiste où mon père militait. Ma première victoire politique date du référendum sur le traité de Maastricht, en 1992. Je m'étais engagé en dirigeant la campagne à destination des jeunes.

Le suicide de Pierre Bérégovoy le 1er mai 1993 m'a profondément marqué, il m'a révélé la brutalité du monde politique et m'a éloigné de tout engagement militant. J'ai cependant gardé confiance en la République et j'ai continué de croire en l'Europe.

Je suis républicain car j'ai été un créateur d'entreprises, de richesses et d'emplois. La République m'a permis de gagner ma vie, de prendre des risques, en m'assurant que, si j'échouais, jamais je ne finirais à la rue. C'est parce que je crois en la culture comme ciment de la République que j'ai développé la Radio Générations 88.2. C'est parce que j'ai foi en ses valeurs que j'ai créé en 2002 l'association Hip Hop Citoyens, pour défendre la mixité culturelle face aux attaques de l'extrême droite.

C'est aussi parce que je crois en son fonctionnement que j'ai pris la tête, en 2014, de la radio de service public *Mouv'*, pour laquelle je donne toutes mes forces depuis six ans. Enfin, j'aime notre République parce que je suis père de famille, que j'ai le bonheur d'élever mes enfants dans le pays qui m'a choisi, qui m'a éduqué, qui m'a encouragé. Dans le pays qui m'a toujours soigné.

Aujourd'hui, je prends donc la parole en tant que père de famille, citoyen, entrepreneur, chargé d'une mission de service publique, mais surtout en tant que républicain.

La République est pour moi le métissage de combats politiques et de convictions personnelles. C'est un combat pour l'accès universel à la santé, une structure qui régule l'économie pour la rendre favorable à tous, un instrument de justice qui réprime la violence et nous assure la paix et la sécurité. Notre République, c'est la garantie de l'égalité entre homme et femme, un combat séculaire pour l'école, pour le mérite, pour l'ascension sociale. L'honneur de notre République, c'est de prendre sous son aile les plus faibles et de savoir faire siennes toutes les causes et toutes les révoltes légitimes.

Pour des millions de Français, le cannabis participe à détruire cet idéal républicain. Je vais illustrer la défaillance de notre système dans nos banlieues, dans nos campagnes, dans nos écoles, dans nos commissariats et nos prisons. À l'égal de bien d'autres fléaux modernes, une société souterraine met en faillite l'idéal que nous partageons et que nous risquons de voir s'écrouler.

Ce livre pourrait se résumer en une question : de quelle faillite le cannabis est-il le nom ?

Tout simplement, c'est la honte de la République.

1.

Le cannabisme tue

Notre République est celle de la sécurité sociale à la française. Créatrice et garante d'un modèle unique dans l'histoire, elle prétend offrir aux citoyens un accès égal à la santé, en rassemblant et redistribuant les richesses. L'honneur de la République, c'est d'avoir construit pierre à pierre un régime de protection sociale cohérent avec ses valeurs, des politiques sanitaires universelles, destinées à combattre toutes les maladies et tous les maux affectant les êtres humains, dans lesquels ils se jettent parfois tête baissée. Car notre République refuse que des comportements individuels conditionnent l'accès aux soins. Plutôt que de fermer les yeux sur les phénomènes modernes et d'abattre l'argument de la responsabilité personnelle, elle préfère s'adapter à son époque, se transformer en profondeur pour mieux résoudre les problèmes, tout en anticipant leurs causes. Chez nous, il est impossible d'ignorer la souffrance, il ne peut, il ne doit y avoir de laissé-pour-compte.

J'ai grandi dans cette République, j'aimerais que mes enfants y élèvent leurs enfants. Mais aujourd'hui, elle met en danger son système social en laissant prospérer une industrie et des pratiques qui provoquent des périls sanitaires dont elle n'évalue pas l'importance.

Chaque année, des centaines de tonnes de substances dangereuses et toxiques circulent sur notre territoire. On les appelle « psychotropes », « stupéfiants » ou « drogues ». Elles altèrent plus ou moins fortement le système nerveux, créent une dépendance psychique ou physique, voire une toxicomanie, et causent à terme des dommages irréversibles sur la santé des consommateurs. Associés aux idées de fête, de détente et de convivialité, les stupéfiants légaux comme illégaux ont un revers qui ne pardonne pas : des millions de vies brisées, des corps détruits, des esprits ruinés, des sociabilités anéanties. Qui n'a jamais connu de proche démoli par la drogue ?

Dans l'univers infini des psychotropes, le cannabis est une drogue considérée comme « douce », car elle ne peut entraîner d'overdose. Les trois principes actifs qui modifient les transmissions des synapses et provoquent la défonce sont le tétrahydrocannabinol (THC), le cannabidiol (CBD) et le cannabinol (CBN). Voilà son portrait-robot pharmaceutique. Sous la forme de résine, d'herbe ou d'huile, le plus souvent fumé, parfois vaporisé ou mangé, le cannabis est l'un des stupéfiants les plus accessibles et les moins coûteux. Ce qui explique en partie son succès.

Bien que la répression soit de grande envergure, notre République se montre incapable de contrôler ou de réguler la consommation massive de cannabis sur son territoire. Obnubilée par le jeu sans fin du chat et de la souris, obsédée par l'ordre, le droit et la légalité, elle en a oublié les politiques essentielles de prévention, de traitement et d'encadrement, asphyxiée par de tenaces préjugés. Est-ce ainsi que notre République honore ses engagements ? Ne se rend-elle pas coupable d'incurie ? Pourtant, la France a toutes les cartes en main pour relever ce défi, comme elle est parvenue à encadrer le commerce et la consommation d'alcool et de tabac.

Quelques parallèles avec le tabac

Pour l'avoir lu sur les paquets de cigarettes, vu à la télévision, entendu dans toutes les bouches, pour l'avoir su dès le plus jeune âge, aucun Français n'ignore aujourd'hui que le tabac ruine la santé, bouche les artères, fatigue, détruit les organes vitaux, nuit à la mémoire et réduit la fertilité. Il contient plus de 70 substances cancérigènes et 75 000 personnes en sont mortes en 2015, un individu sur huit ou neuf, plus de 200 par jour. L'État, qui cherche à prévenir ces maladies et à les traiter, le reconnaît et exige même que les fumeurs paient à l'avance une partie des soins que leurs comportements feront peser sur la collectivité. Le coût direct du tabagisme s'élève à 16 milliards d'euros par an, pour les seules dépenses de santé publique. Mais son coût indirect se chiffre à 120 milliards, ou 1 800 euros par an et par citoyen. Pour compenser les vies soustraites à la société, assurer la prévention, financer les soins et le respect des lois, chacun d'entre nous dépense donc 5 euros par jour. C'est pour cela que les taxes collectées par la vente de cigarettes abondent le budget de la Sécurité sociale. Pour preuve de l'efficacité de ces politiques, le commerce de tabac en France a presque diminué de moitié ces vingt dernières années. Voilà pour le tabagisme.

« Fumer tue », c'est indéniable. Mais fumer quoi ? S'agit-il seulement de cigarettes ? Fumer du cannabis, consommer quotidiennement de l'herbe ou du shit tue-t-il également ? Évidemment. Maintenant, dites-moi, quel est le coût concret de ce qu'on pourrait nommer le « cannabisme » ? Quelle est sa part dans les pertes humaines et financières que nous attribuons au tabac ? Combien de morts le cannabisme fait-il ? Faute de politique de santé publique, faute de recherches et d'études de grande ampleur, faute de bonne volonté et d'efforts de la part de la communauté, personne n'est en mesure de répondre.

Le devoir d'information est confié aux journalistes et à la somme de leurs témoignages. Les chiffres, nous les exigeons de sondeurs et de statisticiens. Les études, recherches parcellaires et de faible envergure, sont condamnées à tomber dans l'oubli ou l'obsolescence. Pour la simple raison que le cannabis est illégal et de fait abandonné par l'État.

Nous « déléguons » ainsi l'encadrement du cannabis aux dealers, sa gestion à la rue et ses conséquences à des services de santé qui ne sont pas formés pour affronter une substance aussi dangereuse que le tabac, peut-être moins délétère pour le corps, mais plus nocive pour l'esprit. Notre réponse sanitaire est molle et sans ambition : de l'inconscience orchestrée par l'État.

La France championne d'Europe

En matière de consommation de cannabis, les Français sont champions d'Europe. Plus de 40 % des adultes, environ 20 millions d'individus, presque une personne sur deux entre quinze et soixante-quatre ans, ont fumé du cannabis au moins une fois dans leur vie, là où la moyenne européenne s'établit à 19 %. Par ailleurs, près de 5 millions de Français consomment du cannabis une fois par an ou davantage ; parmi eux, 1,5 million déclare en fumer au moins dix fois par mois et 700 000 tous les jours. J'insiste : près de 1 million de personnes sont dépendantes de cette drogue.

Depuis trente ans, la consommation croît sans interruption. Au début des années 1990, les consommateurs réguliers ne représentaient que 4 % de la population ; aujourd'hui, ils sont plus de 11 %. Tout est en hausse perpétuelle avec le cannabis.

Il s'agit d'un véritable fléau. En consommer ne revient pas à griller entre amis quelques têtes d'herbe pure dans une pipe. Les fumeurs mélangent leur produit au tabac et le résultat de cette combustion sans autre filtre qu'un petit bout de carton est six à sept fois plus cancérigène qu'une cigarette. Et qui s'en préoccupe ?

Le cannabis se vend hors de tout contrôle. Que se passe-t-il dans les poumons lorsque le « shit », la résine de cannabis, est coupé avec de la laine de verre, du plomb, des huiles de moteur, du cirage, de la colle ou du pneu, dans le seul but d'en améliorer les rendements ? Aujourd'hui, seuls les gros dealers choisissent la composition des produits. S'ils décident de doubler leurs volumes, alors vos enfants fumeront sans doute du plomb. Qui s'en préoccupe ?

Le cannabis, ce n'est pas simplement une herbe pure, biologique et cueillie à la main par des chevelus en pantacourts dans des champs battus par le sirocco. L'écrasante majorité des produits sont de basse qualité, d'origine trouble et de composition inconnue. La diversité invraisemblable des substances rend le consommateur impuissant à connaître sa drogue : il y a autant d'herbes et de shits que de dealers ! Les petits vendeurs en bout de chaîne ne savent même pas ce qu'ils refourguent. Ils ont beau habiller leur ignorance de noms exotiques, « l'afghan », « le népalais » et « le marocain » avec de doctes mimiques, ils n'en sont pas moins les premiers consommateurs. Et aussi les premières victimes. La composition des produits est la grande inconnue, également ignorée par l'État, qui se débarrasse de la question en reléguant le cannabis sur l'étagère des produits illicites. Pendant ce temps, nos enfants fument du pétrole, du caoutchouc et du mastic, tout en s'imaginant tirer sur la résine la plus pure des vallées du Népal.

Peut-on combattre un ennemi sans le connaître ? L'influence du cannabis sur la mortalité, on l'ignore. La qualité des produits en circulation, on s'en désintéresse. Les types de consommation, on les néglige. Tout se passe comme si l'on vendait de l'alcool frelaté ou des cigarettes coupées au plastique en pleine rue, comme si l'on ne prévenait pas des méfaits de l'alcool et du tabac sur les enfants ou les femmes enceintes. Des centaines de milliers de personnes sont concernées et la France a depuis longtemps perdu la bataille cruciale de l'information. Voilà la situation.

Par cette obstination, notre République ne fait rien d'autre que de nourrir le brasier qui nous coûte chaque année dix fois plus cher qu'une politique de prévention solide. Vous n'avez pas le droit de fumer du shit et si vous en fumez, alors souffrez en silence.

Vous avez dit drogue douce ?

La négation du problème a provoqué une incompréhension profonde des enjeux de santé publique, inséparables du cannabis et de ses dérivés. Depuis les années 1990, la consommation ne cesse d'augmenter. Cette croissance folle ne touche pas à égale mesure toutes les couches de la population : les quarante-cinq – cinquante-quatre ans sont 5 % à déclarer avoir fumé dans l'année ; les cinquante-cinq ans et plus sont 2 % et les soixante-cinq – soixante-quinze ans 0,2 % seulement. Qui fume donc les centaines de tonnes annuelles de cannabis ? Ce sont les jeunes. Un jeune de quinze à trente-quatre ans sur cinq admet qu'il a fumé du haschisch une fois dans l'année. Un adolescent de dix-sept ans sur deux en a déjà fait l'expérience, alors qu'ils étaient un sur cinq dans les années 1990. Nos jeunes de moins de dix-huit ans sont les plus exposés d'Europe et ce sont eux qui fument le plus parmi notre population. La courbe grimpe, c'est inexorable. Et plus l'État réprime, plus la pratique se banalise au sein même de notre jeunesse livrée à elle-même. Quand on sait que la plupart des gens ont tendance à mentir, que penser de ces chiffres puisque la consommation de drogue est interdite ?

Notre jeunesse fume des joints comme s'il s'agissait d'un jeu inoffensif, alors que la drogue consommée aujourd'hui diffère considérablement de celle de Mai 68. Les élites politiques et culturelles, issues pour la plupart du baby-boom, conservent un souvenir romantique de leurs jeunes années. On fumait alors une herbe bien plus tendre que les arracheurs de neurones vendus aujourd'hui au coin des rues. Pris en défaut par l'évolution de leur époque, les artisans des politiques publiques sont encore loin de saisir l'ampleur du problème. Dans les années 1970, le taux moyen de THC flirtait avec les 2 à 3 %. De l'herbe qui ferait doucement rire les jeunes de notre époque ! Aujourd'hui, les teneurs de THC talonnent les 20 à 30 % (elles ont triplé en dix ans) et les jeunes en consomment trois fois plus. Nous sommes passés sans transition du « planage » à la « défonce », sans aucune mesure des effets physiologiques et psychiques. Voilà le respect avec lequel nous, les aînés, traitons nos cadets, qui subissent et continueront de subir ce fléau « générationnel », car les jeunes de toutes les classes sociales partagent la même galère.

On a tendance à croire que la dépendance au cannabis frappe exclusivement les classes défavorisées. C'est faux. Si les jeunes des quartiers sont plus exposés à la drogue et susceptibles de fumer, les enfants des classes moyennes et des familles aisées tombent plus facilement dans la dépendance et ont davantage de chance d'y rester.

La guillotine à neurones

En ce qui concerne les effets du cannabis sur la santé des jeunes, très peu d'études s'accordent et quand elles y parviennent, elles n'envisagent jamais la question sur le long terme. Dans l'état actuel des choses, nous pouvons cependant établir plusieurs certitudes.

D'abord, on aurait pu le deviner, fumer régulièrement du cannabis multiplie par trois le risque de cancer des voies respiratoires et d'attaque cardiaque. Normal, la plupart des produits sont merdiques et la fumée du cannabis plus cancérigène. Plus on commence jeune, plus le danger augmente. Ajoutez que la consommation de cette drogue favorise la dépendance au tabac et tous ses effets nocifs, vous obtenez une bombe sanitaire qui explosera dans trente ans.

Ensuite (manque de chance), on ne devrait pas fumer avant vingt-cinq ans, âge auquel le cerveau atteint sa pleine maturité. Troubles de la mémoire, manques de concentration, baisse des capacités intellectuelles, abandon scolaire, toutes les études mettent en garde contre une consommation précoce de cannabis, qui pourrait également exacerber les troubles psychiatriques quand le sujet a déjà un terrain : schizophrénie, psychose et bipolarité en tête. Encore une fois, plus on est jeune, plus les quantités sont importantes, plus la mèche s'enflammera vite. La consommation régulière de cette drogue, alors que l'encéphale est encore en formation, peut aussi causer une diminution irréversible du quotient intellectuel. Des études ont démontré que la consommation avant dix-sept ans réduisait de 50 % la chance de poursuivre des études. La question gagnerait cruellement à être connue.

Enfin – j'insiste sur ce point, qui me paraît essentiel –, la découverte du cannabis n'est trop souvent que la première étape d'une longue initiation à l'univers des drogues. Dans ce monde si intransigeant et insaisissable, le néophyte est recruté de façon anodine. L'affaire commence par quelques pétards de circonstance et se prolonge par une augmentation progressive, insensible, des doses et des variétés. L'effet de mode s'estompe, il est remplacé par une petite habitude, puis une consommation chronique, qui banalise et amortit les effets du produit, puisque le cerveau s'adapte. Le consommateur est désormais initié, le cannabis s'est taillé une place dans sa vie, il parasite ses relations sociales, détermine les lieux qu'il fréquente, l'incite à faire de nouvelles expériences. Alors qu'il le mélangeait déjà à l'alcool et au tabac, ses différents dealers, qui vendent plusieurs produits, le poussent à essayer l'ecstasy, le LDS, la cocaïne, les « parachutes », mais comment leur en vouloir ? Pour eux, le cannabis se révèle bien moins rentable que les autres drogues. *Business is business.*

À cause de la concentration délirante de THC, l'initié développe peu à peu des habitudes proches de la consommation de drogues dures, qui réduisent le pas à faire jusqu'à la polyconsommation. Les dizaines de drogues sur le marché ne sont pas nécessairement consommées seules, c'est là le risque le plus important.

La prévention en guenilles

N'allez surtout pas parler de prévention ! La communication d'État fourre toutes les drogues dans le même sac et les budgets alloués aux différentes structures préventives sont absolument dérisoires. L'Observatoire français des drogues et des toxicomanies, un groupement d'intérêt public composé d'une trentaine de personnes, est certainement l'organisme le plus sérieux en la matière. En 2018, son budget de 3,5 millions d'euros a permis de publier quelques études, d'actualiser ses statistiques, d'émettre des recommandations... Trop peu pour coordonner une politique nationale d'information et de prévention. Ce qui est vrai pour cet observatoire l'est aussi pour toutes les autres structures.

Notre République préfère tout ignorer d'un bloc, quitte à voir, comme aujourd'hui, les grands enjeux de santé publique lui échapper. Lorsque la société a enfin compris que le sida ne concernait pas qu'une minorité d'homosexuels, il était déjà trop tard. Sans le combat des militants d'Act Up, raconté avec brio dans le long-métrage *120 battements par minute*, aurions-nous compris que cette maladie était une priorité absolue ? C'est à ce moment précis que l'État s'est attaqué au problème. Il est aujourd'hui temps que chaque citoyen prenne conscience de la crise sanitaire engendrée par le cannabis, sans quoi l'État n'aura aucune raison de mettre fin à l'ignorance, à l'incurie et à la courte vue qui caractérisent son action. Sans la reconnaissance du problème, on ne l'abordera jamais à l'école, il ne fera l'objet d'aucun message de prévention, il restera entre les mains d'un marché souterrain et sauvage. Pour une partie de la jeunesse, la République faillit sous nos yeux.

Cannabis et confinement

Le 15 avril 2020, le dispositif TREND de l'OFDT a été l'un des premiers à documenter les conséquences du confinement sur la consommation de cannabis. Au cours du même mois, une étude de grande ampleur baptisée Cannavid a également vu le jour. Elle visait à analyser les pratiques et la santé des fumeurs quotidiens de cannabis confrontés à l'arrêt brutal des activités du pays et la surveillance des déplacements. Ces deux enquêtes ont réussi à prendre le pouls de la grande communauté des consommateurs de cannabis en France.

Très peu d'usagers ont opté pour le sevrage pur et simple. Ces personnes fumaient afin d'échapper à une inhibition sociale ou salariale et le confinement leur offrait un répit.

Parmi la large frange de consommateurs de cannabis récréatif, la réaction aux événements a oscillé entre augmentation, maintien des habitudes, diminution, constitution de stocks et rationnement. Pour ces personnes, l'absence de politique de santé publique dans une période d'urgence et d'angoisse collective semble avoir renforcé des tendances préalables. Et il est à parier que leurs conséquences sanitaires ne seront pas en notre faveur.

L'étude Cannavid prouve que plus de 50 % des personnes interrogées consomment du cannabis en automédication. Dans son usage thérapeutique ignoré par l'État, mais reconnu par une vaste partie du monde médical, le cannabis permet à des centaines de milliers de personnes de réduire le stress, l'anxiété, les symptômes de la dépression, d'améliorer le sommeil, de soulager les douleurs causées par des maladies chroniques comme l'arthrose, ou encore de se sevrer d'autres drogues plus dures, telles que l'alcool ou la cocaïne, tout en se passant de médicaments plus lourds, comme les anxiolytiques, dont l'indice « addictogène » est trois à quatre fois supérieur à celui du THC.

Les consommateurs pour lesquels les temps normaux représentent déjà une bravade quotidienne auront traversé le confinement comme le pire des calvaires. Pour eux, les restrictions et la pénurie auront été synonymes de sevrage, retour de la douleur, insomnie, redoublement de violence de la crise sanitaire, sans qu'il leur soit possible de faire valoir l'argument santé. Quand le cannabis devient une médication efficace, c'est que, la plupart du temps, il n'existe aucun substitut adéquat. Les mesures de confinement, en se bornant à bloquer les déplacements et à réprimer plus fortement la vente, ont rendu ces personnes incapables de se procurer du produit quand elles n'avaient pas constitué de réserve. C'est une mise en danger que personne ne peut imaginer et dont nul n'a parlé, alors qu'elle devrait au moins faire l'objet d'un débat.

D'une manière générale, n'est-il pas honteux de mettre en danger la santé de 5 millions de consommateurs réguliers, de consacrer des moyens considérables pour une répression impuissante, alors que ces fonds pourraient être investis dans l'encadrement, la prévention et le traitement des victimes, comme on le fait déjà avec les drogues légales ? La honte de la République, n'est-ce pas de faillir ainsi à sa mission sacrée de santé publique ?

N'est-ce pas également de se défausser, d'abandonner sa politique de santé à des dealers qui ont tout intérêt à ruiner la santé des consommateurs tout en les rendant les plus accros possible ? Notre République laisse circuler sur l'ensemble de son territoire des substances à la nocivité inconnue, que près d'un tiers de la population pourrait consommer.

La honte de la République, n'est-ce pas enfin d'ignorer que des dizaines de milliers de dealers, commercialisant des produits dangereux, n'accèdent ni ne contribuent à la Sécurité sociale, qu'ils participent cependant à dégrader ? De nier le coût du cannabisme pour nos finances, pour nos vies, pour la santé de générations entières de consommateurs et en particulier pour notre jeunesse ?

2.

L'or vert : une économie sauvage

La deuxième promesse républicaine, c'est que chaque citoyen puisse vivre de son travail dans un cadre social protecteur, que l'économie soit régulée par des normes universelles, que l'égalité triomphe sur la loi du plus fort et du plus ambitieux et que l'intérêt individuel ne nuise jamais à la communauté. L'État-providence se fonde sur un serment toujours renouvelé de socialiser les bénéfices autant que les pertes, de prévenir les risques d'une concurrence déloyale, de garantir aux citoyens une vie dans des habitations salubres, de sorte qu'ils ne soient jamais condamnés à l'exploitation et au dénuement, qu'ils ne fassent jamais l'expérience de la ségrégation. L'honneur de la République, c'est de s'assurer qu'aucune parcelle de son territoire ne contredira cette économie libre et sociale, qu'en aucune ville, aucune enclave ne s'établira un état d'exception.

Cette destinée commune, il a fallu plus de deux cents ans pour la bâtir. Deux siècles de combats, de militantisme, de sacrifices et de renversements politiques, vingt-trois décennies de vocations et d'avancées sociales. Jusqu'à ce qu'une économie nouvelle, parallèle, envahisse les lieux les plus pauvres et isolés de notre République, l'économie de la drogue, et plus particulièrement du cannabis. Ces trente dernières années, elle n'a cessé de coloniser des couches entières de la société, de bouleverser l'existence de quartiers, de villes, au point d'être au cœur des préoccupations de tous les citoyens.

En l'espace de trente ans, elle est parvenue à mettre en défaut l'État-providence.

Le cannabis, premier employeur de France

Dans notre pays, le chiffre d'affaires du commerce de stupéfiants s'élève à 3 milliards d'euros annuels. Il s'agit d'une estimation. L'anodin cannabis génère à lui seul plus de 1 milliard par an. Il est en passe de devenir le premier employeur « privé » de l'Hexagone : de 200 à

240 000 personnes travaillent de près ou de loin à la production, l'acheminement et la vente de cette drogue au succès foudroyant. Par simple comparaison, la SNCF emploie 200 000 personnes, EDF 160 000, Intermarché 130 000. Seules l'Éducation nationale et la Poste sont en mesure de dépasser ces chiffres.

Les paramètres économiques qui régissent ce corps de métiers sont connus. Un kilogramme d'herbe ou de shit est acheté 1 000 à 2 500 euros, puis revendu autour de 5 000. Pour une moyenne de douze heures de travail, six jours par semaine, les guetteurs, les portiers et les vendeurs touchent entre 50 et 100 euros par jour, les gérants 150 à 200, les go-fasts 2 000 à 5 000 euros. Et ne parlons pas des têtes de réseau, elles échappent à nos radars. Leurs gains annuels avoisinent les centaines de milliers d'euros.

Sur notre territoire cohabiteraient 110 à 130 000 détaillants et vendeurs de rue, 80 à 90 000 semi-grossistes, 8 à 10 000 grossistes et environ 1 000 gros bonnets. Ce petit monde distribue une à deux tonnes de cannabis par jour et s'est peu à peu structuré en réseau d'entreprises concurrentes. Chaque « four » – il s'agit du nom donné à une plaque tournante – s'organise comme une PME avec un patron, des gérants, des « lieutenants », des vendeurs qu'on appelle « charbonneurs », des rabatteurs, des nourrices, des guetteurs aussi baptisés « chouffeurs » et même des assistants marketing et des animateurs de réseaux sociaux.

Quand un lieutenant tombe sur le champ de bataille juridique ou se compromet, on le remplace dans la demi-heure, comme les dizaines de vendeurs, recrutés à tout moment à temps plein, temps partiel ou par intérim… La concurrence est rude dans le monde du shit, et bien plus violente que sur le marché du travail.

Pour la distribution, le confinement a renforcé ces nouvelles pratiques qui remplacent peu à peu les anciennes. Avec une réactivité et un esprit d'initiative qu'on retrouve dans les entreprises les plus sérieuses, bon nombre de dealers se sont équipés de gants, de masques et de gel hydroalcoolique pour rassurer les acheteurs, chez lesquels ils débarquaient de jour, vêtus du costume des livreurs de repas à domicile pour échapper aux contrôles. De grands médias comme *Le Monde* ou *Mediapart* rapportent que les réseaux, faute de points de vente, ont eu massivement recours au « *darknet* ». La révolution des circuits de distribution des drogues tend à se démocratiser.

Bref, l'ubérisation est en marche et l'État paraît dépassé par ces formules 2.0 du deal, comme il l'est déjà par les géants du commerce en ligne et les réseaux sociaux.

Autre phénomène, non des moindres, la crise du Covid-19, les pénuries, la fermeture des frontières ont érigé la « cannabiculture » au rang de véritable résistance. Entre les appels à multiplier les plants domestiques, le développement des labels (« bio », « terroir », « durable »), le foisonnement des circuits courts et l'essor des sites et des magasins vendant graines et outils nécessaires à ce jardinage illégal, nous devons nous attendre à voir exploser de façon inédite la cannabiculture industrielle comme individuelle. Elle tirera parti de l'engouement général pour la production locale. Les 200 000 « cannabiculteurs » estimés aujourd'hui, en sus du commerce traditionnel, seront certainement rejoints demain par des centaines de milliers d'autres.

La béquille de la désindustrialisation

Voilà sobrement ce qu'est l'économie du cannabis. La réalité de l'or vert se cache dans l'histoire des villes et des politiques du logement.

Le commerce du cannabis n'est pas apparu dans les quartiers populaires par hasard ni les dealers par enchantement. De la croissance d'après-guerre à la construction des grands ensembles, des crises industrielles à la ségrégation territoriale, l'économie illégale a aussi son propre passé.

Tout commence à l'orée des années 1950. La France rebâtit ses villes et les planificateurs au sommet de la pyramide ne peuvent plus ignorer l'insalubrité de millions de logements. Les immenses barres construites dans la précipitation fournissent une solution miracle à l'accès inégal au confort moderne, ainsi qu'aux demandes persistantes de main-d'œuvre des grandes industries implantées à la périphérie des villes. Des années 1950 aux années 1970 et même 1980, les « grands ensembles », les cités et les zones périurbaines d'habitation sortent de terre, armés de leur béton, inondant les usines de travailleurs. Citroën à Aulnay-sous-Bois, Ford et Simca à Poissy, les usines de la Plaine-Saint-Denis, les raffineries de la ceinture de Rouen, le port et les mille fabriques des quartiers nord de Marseille. Ces cités, proches des industries, ont d'abord servi de dortoirs aux bataillons ouvriers, avant d'être reconverties en terre d'accueil pour les immigrés.

Jamais on n'avait imaginé ces grands ensembles sans la prospérité et l'industrie. Percutées de plein fouet par le chômage, la précarité, la dégradation des bâtiments pourtant flambant neufs, les zones périurbaines commencent dès les années 1980 leur métamorphose en ghettos. Des sites industriels disparaissent et sont remplacés par d'immenses terrains en friche, sans arbres, sans habitations, sans jardins, juste un air lointain des bidonvilles d'autrefois. Le chômage grimpe en flèche, l'inactivité, l'échec scolaire s'installent en maîtres dans les cités. Les politiques de la ville n'ont pas permis de changer la donne.

À la même époque, le marché noir est arrivé dans les quartiers à pas de colombe. L'apparition de cette nouvelle économie coïncide avec l'effondrement du système des banlieues, et même avec l'anéantissement progressif de leur raison d'être. Au début, les « affaires » sont loin de se résumer au cannabis, dont la diffusion a mis quelque temps à devenir endémique.

D'abord confidentiel, puis limité à une frange de la population, le haschisch ne se transforme en objet de loisir populaire qu'au milieu des années 1990. Il n'en fallait pas plus pour que cette manne potentielle soit récupérée par des personnes dans le besoin et, surtout, accoutumées aux usages de l'illicite. L'augmentation de la demande a mécaniquement fait grimper l'offre, jusqu'à ce que l'or vert échappe totalement au contrôle de l'État. Pour répondre à une consommation de masse, une distribution de masse s'est instituée et localisée là où le terreau était fertile et la main-d'œuvre disponible : dans les quartiers populaires de France.

De la solidarité au chacun pour soi

Le commerce de la drogue à grande échelle a précipité l'affluence de l'argent dans les cités. Auparavant, les quartiers pauvres étaient pauvres. Une économie de subsistance permettait une forme d'égalité dans la pauvreté, où chacun était susceptible d'être aidé par les autres : on se prêtait de l'argent, on troquait, on se refilait des tuyaux ou de vieux meubles, on partageait l'électroménager, on achetait en gros. Chacun venait de temps à autre donner un coup de main à une connaissance dans le besoin, et tout le monde trouvait son intérêt dans la débrouille.

L'économie de subsistance ne date pas d'hier. Elle est née dans les cités bien avant l'entrée fracassante du marché noir. Le premier geste de survivance des habitants des quartiers, ce n'est pas de brûler des voitures, mais d'être solidaires ; ce n'est pas de vendre du shit, mais de s'entraider et de partager. Cette solidarité perdure, bien que le marché noir l'entrave et lui fasse de l'ombre. Imaginez un instant les bouleversements provoqués par l'arrivée massive d'une manne financière illégale dans des centaines de systèmes clos et presque autonomes.

L'argent de la drogue a fait littéralement exploser le modèle de solidarité propre aux banlieues. En une dizaine d'années, des millions d'euros en liquide se déversent chez des gens, dans des communautés qui affrontaient dignement la précarité. Le cannabis a afflué à hauteur d'un milliard d'euros par an dans les 1 296 « quartiers prioritaires » de notre métropole. Là où se concentrent 4,8 millions d'habitants, le critère principal de découpage étant la concentration de la pauvreté.

Mais à cause de la mainmise d'une minorité de trafiquants sur cet argent « sale », les uns sont restés pauvres et les autres sont devenus riches du jour au lendemain, sans autre logique que celle de la loi du plus fort. Un nouveau type d'inégalité a renversé le schéma social en place : de petites communautés collectivistes, les cités se sont transformées en sociétés ultra-individualistes, où le cash, la possession et la position dans la hiérarchie du trafic sont devenus les valeurs cardinales d'une partie de la jeunesse.

Déstructuration totale du tissu économique de ces villes, explosion du modèle social, rupture des liens familiaux et des solidarités interfamiliales : ce sont là les ombres qui se dessinent dans la fumée du pétard. En banlieue, les jeunes ont pris le pouvoir économique, il n'y a aucun équivalent dans la société française. Les hiérarchies familiales ont été inversées. Aujourd'hui, certains enfants détiennent plus d'argent que leurs parents. Il y a vingt ans, les grands payaient leur canette et les petits gardaient la monnaie, c'était dans l'ordre des choses. De nos jours, l'argent semble couler à flots en bas des tours, les petits distribuent des billets, tandis que les parents travaillent, se ruinent la santé pour gagner des sommes dérisoires qui ne paient même pas les factures de la vie courante.

La crise sanitaire a entraîné une crise humanitaire

En matière d'économie, la crise sanitaire a offert à la France une évaluation grandeur nature de ses politiques publiques. Dans une note datée de fin mars, les analystes du nouvel Office antistupéfiants (Ofast) ont évalué que le confinement avait réduit de 30 à 40 % le trafic de cannabis. Bien que les dealers aient redoublé d'ingéniosité et réussi à vivoter sur leurs stocks, la chute de l'offre et de la demande, conséquences directes de la fermeture des frontières et des restrictions des déplacements, a doublé ou triplé les prix selon les départements, n'épargnant que les régions frontalières de l'Espagne et des Pays-Bas. À maints endroits, les stocks ont disparu en un mois à peine, le robinet à cash s'est tari. Cet état de fait n'a réjoui que la police, qui distribuait généreusement les amendes aux clients pour les dissuader de se rendre aux fours.

En pleine crise du Covid-19, les quartiers ont ainsi subi une double peine : l'effondrement de l'économie informelle, qui nourrit les millions de travailleurs au black ou sans papiers, sans chômage partiel ; l'écroulement de l'économie illégale, qui permet à des centaines de milliers d'individus de bénéficier des subsides du cannabis. Ce manque à gagner a pesé lourd, très lourd sur l'écosystème de certains quartiers, dont le fragile équilibre social n'attend qu'une crise pour s'effondrer. Nous avons tous été choqués par l'apparition soudaine de banques alimentaires, destinées à subvenir aux ressources vitales des plus pauvres. En particulier dans les banlieues, où une recrudescence de la pauvreté a été dénoncée par les associations et constatée par nous tous. On peut de bonne foi émettre l'hypothèse qu'une partie de cette crise est liée à l'interruption brutale du trafic.

Le confinement a mis à bout les quartiers. Certains ont explosé, d'autres étaient au bord de l'explosion. Un peu partout, des centaines d'émeutes ont éclaté, nouvelle épidémie de violences urbaines alimentées par l'augmentation des contrôles, l'inoccupation, la promiscuité, mais également l'absence de trafic. De cette période de rupture, les petits dealers sortiront plus faibles et les groupes structurés encore plus puissants, selon la même logique qui a conduit les grandes firmes à tirer parti de la crise. De leur côté, les habitants, sous la pression des dealers qui ne comptaient abandonner ni leur business ni leur territoire, ont affronté un condensé des tensions quotidiennes qui existent dans ces écosystèmes où le moindre passage à vide de l'économie plonge dans le dénuement.

Le règne de l'ultracapitalisme

Quelle est la conséquence de cette révolution sur l'autorité, sur l'éducation, sur le mérite ? N'a-t-on jamais pensé à l'effet destructeur du cannabis sur la hiérarchie familiale ? Quand il est prouvé que, dans de nombreux quartiers, jusqu'à 30 % des loyers sont réglés en espèces, qu'ils ne sont plus payés quand la police procède à des perquisitions d'envergure. Faut-il blâmer les parents, les mères qui acceptent ces billets ?

Dans ces villes fragmentées, le commerce du cannabis a suivi la folle évolution de la demande. Le petit deal à la sauvette a laissé place aux grands fours où l'économie de la drogue obéit aux logiques d'un capitalisme déchaîné. Le cannabisme, ce n'est pas une économie « souterraine », il faut écraser cette idée sous la botte des évidences. Ce n'est pas un réseau obscur, clandestin, qui évolue en se dérobant aux regards. Les casinos sont bien plus opaques ! Les étrennes des concierges, le black des petits patrons le sont encore plus.

Les règles économiques du cannabis sont l'expression du capitalisme le plus débridé, du libéralisme le plus sauvage, de la concurrence la plus guerrière. Pour chercher un point de comparaison, il suffit de porter son regard sur les pays accablés par une pauvreté extrême ou sur les régimes autoritaires et dictatoriaux. À l'image des inégalités et des abus de pouvoir dans ces États, le commerce du cannabis ne se cache même plus chez nous. Il se fait à la vue de tous, principalement de jour, dans les halls, les voitures, les appartements, les rues et sur les places publiques.

Cette économie est peut-être nouvelle, elle n'en est pas moins visible et connue à des kilomètres à la ronde. Il existe au moins un four dans chaque ville d'Île-de-France, dans chaque agglomération, et il n'y a guère de commune rurale sans son dealer. Les fours sont devenus de véritables magasins qui n'ont de souterrain que leurs stocks. Ils ont une clientèle, des salariés, des horaires fixes sept jours sur sept, des gammes de produits, des spécialités, leurs articles promotionnels, leur publicité et leurs tombolas… Mais cette existence d'apparence tranquille, secouée de temps en temps par les descentes tonitruantes d'une police qu'on ne craint plus, est régie par une guerre ininterrompue de contrôle et de monopole. Un risque de révolution permanent qui provient de la sauvagerie même des lois du marché.

L'économie du cannabis n'est pas née *ex nihilo*, elle reflète plutôt le terrible état de la nôtre, qui se fonde sur des lois et des conventions. Extraordinaire et classique à la fois, elle est gouvernée par les règles des mafias. *Gomorra*, le film de Matteo Garrone sur le crime organisé à Naples, a choqué des millions d'Italiens. Il aurait dû choquer également les Français, car il est à l'image de nos banlieues, comme l'illustre le clip de PNL *Le Monde ou rien*, tourné dans la cité de la Scampia, à Naples.

Les chiens de la casse

A-t-on jamais pensé aux travailleurs nés d'une telle économie ? À leur vie d'incertitude, de violence et de précarité ? S'imagine-t-on, entre deux reportages sur la banlieue, que ce sont des enfants, des adolescents et de jeunes adultes qui animent cette machine infernale et ruinent leur vie ? Certainement pas, car ils sont tenus pour responsables : on considère qu'ils choisissent librement « d'emprunter la voie illicite », ce sont eux « les fauteurs de troubles », qui vendent la drogue, refusent les lois et profitent de « l'argent sale » ! Comme chaque fois, l'opinion condamne sans appel les réprouvés. Tant que personne ne crie assez fort pour eux, les hors-la-loi ont toujours tort.

Gravons-le dans le marbre : les bicraveurs sont des esclaves économiques. Pour la plupart d'entre eux, l'argent facile est un mirage. Ils peuvent y croire le temps de leur noviciat, mais le premier employeur de France est fort mauvais payeur et ses fortunes ne récompensent que quelques milliers d'élus. Une vie terrible attend les petits de ce système, faite de violence, de descentes, de pauvreté, d'allers-retours entre leurs deux prisons. Sans aucune protection, sans fiches de paie, sans droits, sans chômage, sans retraite, sans la moindre reconnaissance, les esclaves du cannabis travaillent seulement à l'enrichissement de leurs maîtres et au loisir des consommateurs. Il n'y a pas d'argent facile dans cette économie. C'est une plongée sans fin dans l'exploitation, sûrement la pire qui soit, étant donné qu'aucune structure n'en répond et que ces jeunes risquent leur vie pour une poignée de billets.

Recrutés, à peine sortis de l'école, leur badge de cantine encore en poche, ce n'est pas le modèle du cannabisme qui réussit à les attirer, mais le nôtre qui échoue à les retenir. Ils ne poursuivent pas une promesse d'avenir, un modèle viable de succès et de bonheur ; ils tombent dans les filets de l'inertie, ils se noient dans le courant de cette société bannie, qui aspire ceux qui n'ont pas eu la force de s'en extraire.

Mais qui s'en préoccupe ? Combien de couvertures de presse voyons-nous défiler sur l'ubérisation de la société, combien sur le spleen du dealeur ? C'est dans le rap qu'on perçoit le mieux cette réalité, ce changement de regard chez les jeunes. Booba glorifie le cash, fantasme le succès du trafiquant. Kery James illustre la *thug life* et la profondeur spirituelle des ghettos. PNL en réverbère le non-sens, dans une forme de nihilisme générationnel. Tous les morceaux, depuis le flot brutal et sec d'IAM et de NTM jusqu'au lyrisme mélancolique de la nouvelle génération, foisonnent de ces vies brisées, ces crevards, ces chiens de la casse exploités par le tyran du déterminisme. Cachez-les, on ne saurait les voir !

Les nouveaux prolétaires

Ne nous berçons pas d'illusions. Des dizaines de milliers de jeunes sont pauvres et précaires. Ils n'ont aucun statut social et sacrifient au gain immédiat leurs perspectives d'avenir. Tout ce qu'ils possèdent, c'est cet argent liquide, ce cash qu'ils se plaisent à afficher, alors que leurs revenus ne dépassent guère ceux d'un smicard. Sans contrat. Sans protection sociale. Sans inspection du travail. Le cannabisme a créé un lumpenprolétariat de la bicrave, une nouvelle classe de travailleurs exploités par un modèle économique ultralibéral, voire barbare, qui assujettit dès le plus jeune âge frères, camarades et amis à un climat concurrentiel violent et dérégulé. Broyées sous les plaques tournantes de leur misérable fortune, ces « petites mains » surnuméraires sont destinées à s'entre-dévorer pour quelques euros de plus, alors que les importateurs, les blanchisseurs et les têtes de réseaux se taillent la part du lion.

Coupeurs, revendeurs, surveillants, caissiers, charbonneurs, chouffeurs, nourrices. Retenez ces noms, ce sont ceux des prolétaires de notre époque, à cette différence près que personne ne prend leur défense, puisque leurs activités sont illégales.

L'État français permet à cette économie ultralibérale, sauvage, sans foi ni loi, une économie de la seule prédation, la plus contraire aux droits fondamentaux de l'être humain, la plus opposée à notre constitution, de se développer sur tout son territoire, dans un maillage aussi serré que celui de l'administration fiscale. Il ferme les yeux sur un capitalisme d'exception qui bouleverse la vie de millions d'individus, qui broie les communautés et annihile leurs espoirs d'émancipation. C'est un pur et simple déni de réalité. L'économie des quartiers populaires a été pourrie : c'est la honte de la République.

Impuissante devant le chômage, l'insalubrité et la ségrégation, la France abandonne une partie de son impôt aux dealers, qui n'en reversent qu'un pourcentage infime aux populations. Avec ces miettes, elle se dégage de sa responsabilité sociale. Le motif inavouable de son aveuglement, c'est la redistribution des bénéfices de la drogue, qui amortit la misère des plus pauvres. C'est cet intérêt partagé avec les dealers pour l'ordre, la stabilité et l'inertie, quitte à ce qu'il se retourne contre elle. Calme des cités, quiétude du commerce. En s'accommodant de l'économie du cannabis, la France croit s'acheter une paix sociale : c'est la honte de la République.

3.

Territoires de violence

Qui dit marché sauvage dit territoire, qui dit défense du territoire dit violence. Comme dans toute société à l'épreuve d'un capitalisme sans frein, la logique territoriale a pris le dessus : chaque bande aspire au monopole, chaque groupe à préserver son territoire, chaque individu à se tailler une place à la mesure de ses ambitions. Cette guerre larvée, pour défendre zones, frontières, secteurs, parts et parcelles, est tenue par un déchaînement de violences inouïes. Violences pour tenir en main un four, violences pour grignoter un marché et assurer la distribution auprès des clients, violences des quartiers entre eux, dans les rues, les halls, les parcs, les places, les transports, violences entre frères, cousins, camarades d'école, voisins…

La violence, effet secondaire du cannabis

Au sein des banlieues, l'agressivité est un phénomène immanent. Si l'on veut comprendre son empire sur le quotidien, il faut se départir d'une somme implacable de préjugés, de faits ressassés, d'idées rebattues. Pour une fois, chassons la peur, fermons les journaux, éteignons la télévision.

À quel prix peut-on tenir un marché ? En 2018, le Sirasco[1] a recensé 77 règlements de compte qui ont fait 106 victimes et 54 décès. L'année précédente, on comptait 78 règlements de compte (plus d'un par semaine), pour 104 victimes, dont 44 décès. En février 2020, c'était presque un par jour. Autrefois réservée à la mafia, la vendetta est devenue une tragédie habituelle en France. Ses occurrences ne font qu'augmenter. Plus de quatre cinquièmes de ces homicides sont le résultat de conflits entre dealers pour le contrôle des territoires. Voilà ce qui figure en une des grands quotidiens. Maintenant, réfléchissons.

1. Service d'information, de renseignement et d'analyse stratégique sur la criminalité organisée, dépendant de la Direction centrale de la police judiciaire.

Lorsqu'un règlement de compte vient clore un épisode d'affrontement entre deux bandes ou deux groupes de dealers, personne, ni les hommes politiques, ni les journaux, ni les citoyens, ne remonte à la source des conflits : l'existence d'une économie obéissant à d'autres règles que les nôtres et évoluant dans un des environnements les plus pauvres de France.

On pourrait appréhender ces violences sans recourir à des explications baroques, comme l'affluence des immigrés, le « communautarisme croissant » ou les mélanges « explosifs » d'ethnies. La réalité est bien plus simple : il n'y aurait pas de bandes, de règlements de compte, de rixes si leur existence n'était pas justifiée par un intérêt économique. Il n'y aurait pas de luttes de territoire s'il n'y avait pas de drogues, si les relations mercantiles n'étaient pas soumises aux lois d'une concurrence qui autorise toutes les ignominies. Si les trafiquants perdaient 35 % de leur chiffre d'affaires (la part du cannabis), leurs violences n'en seraient-elles pas immédiatement diminuées ?

Les États-Unis, pourtant partisans farouches du libéralisme économique, font aujourd'hui l'expérience d'une baisse considérable de la violence entre bandes depuis l'encadrement de la vente de cannabis en Californie...

Plutôt que de rebattre la question sécuritaire après chaque fusillade, ne vaudrait-il pas mieux se dire que le cannabis est l'un des principaux pourvoyeurs de cette logique territoriale ? Tant que les consommateurs viendront se recharger dans les banlieues, tant que l'argent transitera par millions dans les quartiers, les bandes garniront leurs rangs de nouveaux membres, ou d'autres les remplaceront, à la manière d'entreprises concurrentes, qui récupèrent les parts de marché d'une entreprise rivale en faillite.

Jamais la répression policière, aussi coûteuse et carabinée soit-elle, ne parviendra à enrayer le secteur économique du marché noir : il y a une foule de gens qui attendent pour remplacer les condamnés. C'est le tonneau des Danaïdes.

Au contraire, supprimez une partie de la drogue de cette équation et vous casserez le chiffre d'affaires et les bénéfices du marché noir, vous éradiquerez la raison d'être des frontières et des bandes, vous les assécherez, les diviserez. À l'origine des violences, il n'y a rien d'autre qu'une économie illégale ; à l'origine des territoires perdus de la République, il y a aussi et surtout la drogue.

Jeunesses en tension

Le plus malheureux, c'est qu'un tel déferlement annuel de furie meurtrière, de rixes spectaculaires, de passages à tabac, ne représente que la pointe émergée de l'iceberg. Les violences résultant du commerce des drogues, dont le cannabis est l'ambassadeur, sont des conflits qui se règlent entre pairs, dans des lieux à l'abri des regards et selon des modalités qui nous échappent.

Entre eux, les membres des bandes sont de vrais diables : de l'intimidation aux coups et blessures, de la séquestration à la torture, parfois physique, toujours morale. Ce sont de petits événements, des faits non déclarés et qui échappent aux radars, ce sont des disparitions, des tentatives de meurtre, des meurtrissures, des menaces envers la famille et les proches, des suicides préventifs à la romaine, des bastonnades quotidiennes, des rackets et des vols qui constituent des sources invisibles abreuvant l'océan de violence dans les quartiers où se vend le cannabis. C'est la réalité secrète et cruelle des banlieues.

Qu'est-ce qu'on imagine ? Le milliard du cannabis est atteint par l'accumulation de petites sommes de 10, 20 ou 30 euros. Peut-on croire que, par une dizaine d'intermédiaires, les barrettes et les pochons circulent sans encombre et en toute amitié du Rif marocain aux salles de concert parisiennes ? Alors que dans les 1 300 quartiers prioritaires de métropole vivent 5 millions de personnes, dont 42 % sont en dessous du seuil de pauvreté, est-il possible qu'elles ne s'emparent pas d'un marché aussi juteux que le cannabis, sous prétexte qu'il est illégal ? Aujourd'hui, des jeunes s'entre-tuent pour le cannabis. Plus cette manne financière augmente, plus leur comportement devient agressif. Plus les parts de marché se multiplient, plus l'environnement des cités devient violent.

Le voile d'incertitude autour de ce monde révèle d'ailleurs notre négation obstinée du problème. À ce jour, personne n'a produit de statistiques exactes sur le rôle du cannabis dans la violence des quartiers, personne ne sait combien de rixes, de fusillades, de disparitions, combien de groupes et de bandes participent à ce trafic.

Selon le ministère de l'Intérieur, il y aurait une petite centaine de « bandes » en France. Ce chiffre m'interroge, leur nombre fluctue du simple au double comme à la Bourse, du double au triple, à la manière des recettes supposées du cannabis. Et puis qu'est-ce qu'une bande, quelle est sa définition ? Est-ce un groupe pyramidal, conduit par un chef et dont l'unique moteur est l'organisation d'un trafic ? Un regroupement de jeunes délinquants, obéissant aux circonstances ? Un four dans une cité, un réseau de trafiquants ? L'Île-de-France comprend 1 276 communes, chaque commune possède son four et il n'y aurait que 90 bandes « structurées » en métropole ? Sans parler des territoires d'outre-mer !

Chaque fois qu'une « bande » se structure, dix autres attendent pour la remplacer : comment compter ces bandes non structurées ? À vrai dire, ce chiffre cristallise à lui seul le problème de l'analyse de la violence dans notre pays. On en déplore les effets sans vouloir en saisir les causes. Certains préfèrent lui donner des explications raciales, ethniques, déterministes, plutôt que d'y voir avant tout un mécanisme économique exigeant une solution économique et sociale. Bref, une intervention intelligente plutôt que musclée de l'État.

La majorité silencieuse : les misérables

Une chose demeure certaine : les fours ont pris le pouvoir. Dans les cités, l'écrasante majorité des habitants vivent dans un climat intolérable de violence et d'insécurité, infusant tous les instants, tous les lieux de leur vie quotidienne. L'environnement labyrinthique des quartiers, d'où sont originaires les dealers, est la scène principale de la machinerie du cannabis, le théâtre de ce vaudeville interminable. Au détriment de la population subissant une loi au-dessus de la loi là où le commerce s'est approprié le territoire.

Lorsque vous débarquez dans un quartier dit sensible, vous franchissez une frontière invisible. Des guetteurs filtrent les habitants et les étrangers. Au moment où vous parvenez au pied de votre immeuble, soyez-en convaincu, les dealers sont avertis de votre présence. Passé la porte d'entrée, vous découvrez sans surprise qu'ils occupent le hall. Certains vous sont familiers, d'autres inconnus, tous menaçants. Seuls les résidents ont le droit d'entrer dans l'immeuble et sur votre chemin, vous rencontrez plusieurs personnes qui s'affairent.

Bienvenue chez vous. Dans les hautes barres HLM, qui auraient dû symboliser l'accès à la modernité, des appartements ont été convertis en souricières. Ils servent désormais à stocker la drogue, à cacher les petits bardas des dealers, ou encore à leur fournir une retraite en cas de besoin. Dans les plus grandes cités, les fours les plus rentables, le territoire dans son ensemble est mis à contribution du trafic. Les squares servent d'antichambres aux magasins que sont les halls et les cages d'escalier.

Dans les ascenseurs, les caves et les appartements : les stocks. Dans les écoles, les collèges, les lycées : un réservoir inépuisable de main-d'œuvre. Car les « bandes », ce sont à 80 % des mineurs, des adolescents du quartier désœuvrés ou perdus. Pour la majorité d'entre eux, ce sont des troufions, de la chair à canon envoyée en première ligne. Leur vie sociale s'arrête aussi vite qu'elle a commencé et les mères de famille assistent impuissantes à la lente plongée en enfer de leurs fils, qui suit de près leur recrutement.

Si par malheur celles-ci s'aventurent à protester, on les intimide, on les menace de représailles (« On ira violer tes filles dans les caves ! », « On te brûlera ! »), on les harcèle jusqu'à briser en elles toute velléité d'opposition. Et les vieillards solitaires, quant à eux, ils n'ont qu'à fermer leur gueule et s'estimer heureux qu'on ne les transforme pas en nourrices.

Dans votre immeuble, il y a souvent des bastons, des courses-poursuites, des descentes de police, des contrôles et des arrestations. Rien de bien méchant, après tout, rien de comparable aux émeutes qui éclatent cycliquement lorsqu'un jeune est frappé voire tué par la police, lorsqu'un poids lourd du deal est arrêté. J'espère que ce ne sera pas votre voiture qu'on retrouvera carbonisée ! Vos voisins, vos amis, vos collègues, vos connaissances, ils n'ont pas le droit de parler du deal ouvertement ni de le critiquer, ils vivent comme vous, dans la peur permanente que leurs enfants soient rackettés ou pire, qu'ils tombent du jour au lendemain dans le trafic.

Vous décidez d'appeler la police ? Et que pourrait-elle faire pour vous ? Elle épuise déjà toutes ses maigres forces à démanteler des réseaux qui se reforment à l'identique après quelques mois d'accalmie. Parfois, vous entendez parler du fils de Madame P. qui aurait disparu, des frères O. sur lesquels on aurait tiré de la grenaille (ils sont à l'hôpital), du petit M. qui se serait fait rouer de coups avec une batte de baseball, une ceinture, une barre de fer... Mais cette rubrique des faits divers est si consubstantielle à votre quotidien que vous l'oubliez.

Aucun habitant ne se sent plus en sécurité chez lui, chacun subit la violence à sa manière. Les dealers s'approprient le quartier, ils sont là, vous ne sentez plus que leur présence, leur organisation. Leurs violences sont motivées par un marché et ce marché s'appelle cannabis. Vous récoltez les fruits injustes que la consommation des autres a semés.

À force, vous vous défiez des policiers. Tout comme le reste de la population, vous avez l'impression qu'ils ne sont pas là pour vous défendre, mais pour redoubler la violence déjà omniprésente, pour rosser et condamner vos fils qui ne sont pas les vrais coupables. C'est qu'ils sont à bout eux aussi, à bout de rejouer ces scènes de vaine pourchasse, dignes des plus absurdes pièces de Ionesco. Vous vous souvenez qu'auparavant, les pères et les aînés de la famille empêchaient les jeunes de s'adonner au commerce et à la consommation de drogue. Ce temps est révolu : ce sont les aînés qui entraînent maintenant les cadets dans la délinquance.

En Seine-Saint-Denis, des mères en sont venues à former des chaînes humaines devant les écoles, pour protéger leurs enfants de l'influence et des intrusions des trafiquants. Des familles entières quittent le logement qu'elles occupaient depuis vingt ans pour fuir les intimidations et les représailles. À Lille, Auxerre, Vannes, Paris, Marseille, Toulouse, Nîmes, dans toute la France, des riverains mettent ou ont mis sur pied des milices citoyennes qui patrouillent, enquêtent, occupent les points de vente et se refilent même des carabines pour lutter contre ce commerce endémique, puisque toutes les voies de recours ont été épuisées.

Depuis *La Haine* de Mathieu Kassovitz, rien n'a changé. Tout recommence en boucle. Inéluctable tragédie de la drogue et de la bavure, comme si les banlieues étaient des cocottes-minute sur le point d'exploser, mais dont les dealers et les policiers s'acharneraient à tempérer la pression. Depuis *La Haine* et jusqu'aux *Misérables* de Ladj Ly, cette fiction documentaire si vraie, glaciale, cruelle, que le public a saluée sans la comprendre véritablement, il a fallu que tout bouge pour que rien ne change. Malgré les politiques de la ville, les appels à l'aide, les cris de douleur, les constructions et les démolitions, le seul vainqueur de cette histoire macabre est le cannabis.

La deuxième France

Bientôt, si l'on ne fait rien, les cités deviendront des lieux d'affrontements entre les dealers et les milices citoyennes, la population s'entre-déchirera pour une malheureuse économie qui ne lui rapporte rien. Si les riverains sont les victimes collatérales de ce business, les bicraveurs en sont les réelles victimes. Il faut renverser une bonne fois pour toutes cette opposition hypocrite entre les gentils petits habitants des cités et les méchantes bandes de jeunes qui les oppressent. Il faut cesser à tout prix de voir dans cette jeunesse la racaille fainéante courant après l'argent facile. Pour comprendre la souffrance de ces êtres humains, nous devons nous efforcer de déplacer notre jugement de la personne à la structure, de l'individu au système qui le produit. Qu'auriez-vous décidé à leur place en revivant l'existence qui les a conduits à faire le mauvais choix ?

C'est tout un environnement qui est devenu violence. Une violence qui cependant ne prend pas la forme de ces rixes et de ces fusillades si funestement célèbres. Dans les « quartiers de reconquête républicaine », le taux de chômage moyen est de 25 %, c'est-à-dire deux fois et demie supérieur à la moyenne nationale. Il peut même atteindre 50 % dans les zones les plus pauvres, notamment chez les jeunes de quinze à vingt-quatre ans. Seulement 30 % des femmes ont un temps plein et la moitié d'entre elles sont en inactivité ou au chômage. On parle de déclassement ou de discrimination : mieux vaudrait parler d'effet ghetto.

Les quartiers sont également ces déserts où les médecins rechignent à s'installer : deux fois moins de généralistes, quatre fois moins de spécialistes. Ce sont des écoles en manque de moyens, incapables de promettre un avenir aux enfants, ce sont des familles monoparentales conduites par la mère et vivant sous perfusion sociale, ce sont des dizaines de milliers de logements vétustes, insalubres, plantés dans des zones vidées de leurs industries, dépouillées de travail, éloignées des centres d'activité et des universités. C'est la deuxième France.

La pauvreté et la précarité sont violence, l'insalubrité est violence, la ségrégation et le regroupement d'immigrés, et d'enfants d'immigrés et d'enfants d'enfants d'immigrés sont violence. Les déserts médicaux, le chômage, l'existence sans espoir sont des violences structurelles qui précèdent toutes les autres. Les détracteurs de cette jeunesse perdue peuvent bien rire, ils ne vivront jamais la souffrance qu'ils se permettent de juger. Continuons de fermer les yeux sur ces prisons à ciel ouvert, continuons de nier la violence du système : l'immobilisme est la solution des faibles.

La honte de la République, c'est de laisser ses enfants les plus pauvres s'assassiner les uns les autres, c'est d'avoir toléré la naissance d'un nouveau far-west, c'est d'assumer l'existence d'une société ultra-violente en périphérie de ses grandes villes, alors qu'elle est un pays qui figure parmi les moins dangereux du monde. On tue, on tabasse, on torture tous les jours pour le cannabis, et les principales victimes ne sont pas des cols blancs ou des terroristes : ce sont des enfants. Un jeune trafiquant est d'abord un jeune et tous les jeunes doivent jouir d'un droit de protection, car ce sont eux aussi les enfants de la République.

La honte de la République, c'est d'accepter que des dizaines de milliers de familles vivent sous la menace des dealers, c'est de sous-traiter aux riverains la protection des quartiers, la surveillance des écoles, le règlement des conflits, c'est de laisser s'installer des zones de non-droit partout sur notre sol, c'est de se débarrasser du problème en abandonnant les territoires aux dealers. Combien de temps allons-nous supporter que des bandes de bicraveurs fassent la loi dans nos villes, acquièrent et utilisent des armes, mettent au ban des segments entiers de la République, pour la simple raison que le cannabis pourrait les enrichir ?

La honte de la République, c'est d'avoir rendu les cités précaires, invivables. C'est de consentir à l'existence de ces enclaves, où les écarts de richesse, de confort et d'accès au travail sont si grands qu'ils signent *de facto* la déchéance de l'ordre républicain. La brutalité du commerce de cannabis n'est qu'une violence qui s'exerce par-dessus la violence : à travers elle, toute notre société est remise en question. Nous avons laissé se créer cette République de misérables et désormais, nous nous permettons de juger leur souffrance sans la comprendre, sans la soigner, sans agir pour l'annihiler, alors qu'elle est notre création. Notre jugement même nous condamne. C'est la honte de la République.

4.

Police : un million d'heures perdues

Je suis républicain, j'aime ma police. Je n'ai jamais considéré qu'elle me nuisait ou m'empêchait d'agir. Je sais plutôt qu'elle me protège, qu'elle me prévient des dangers et me permet de vivre en communauté. L'honneur de la République, c'est d'entretenir une police compétente, honnête et ordonnée, au service de la population, et dont la priorité se porte sur le bien commun et l'intérêt général. C'est d'assigner aux policiers des objectifs d'utilité publique légitimes et réalisables, en les accompagnant grâce aux moyens appropriés, de sorte que nos forces de l'ordre ne se résignent pas à choisir entre leur santé physique ou morale et la protection des biens et des personnes.

L'honneur de notre pays, de notre État, c'est de traiter correctement les individus qui travaillent pour lui, c'est de les estimer, de leur accorder une place décente dans la société et des revenus à la mesure de leurs efforts. Cependant, voilà trente ans que le cannabisme met en danger et compromet notre police républicaine, trente ans que des millions d'heures de procédures, que des milliards d'euros sont perdus à cause d'une politique calamiteuse que nous regretterons amèrement quand elle sera définitivement enterrée.

La désastreuse politique du chiffre

En France, les « misérables » sont également ceux qui tiennent le gourdin. Payés au lance-pierre, parfois moins que les petits dealers qu'ils pourchassent, les policiers œuvrant dans les quartiers sont contraints de mettre en place une répression dont la démesure s'accentue chaque année et contraste crûment avec la pauvreté de leurs moyens et la réduction progressive de leurs effectifs.

La politique répressive à l'encontre du cannabis a eu le temps de faire ses preuves. Voici son résultat : c'est un échec cuisant. Elle est totalement inefficace et gangrène les forces de l'ordre à tous les échelons. Elle engorge commissariats, tribunaux, prisons et ne fait qu'aggraver la fracture qui sépare la police et la population. Par la triste ritournelle des scandales, par la croissance effrénée de la vente et de l'usage, par son coût financier et humain sur la police, le cannabis est l'un des pires échecs qu'ait connus notre État en matière de répression.

Poussée par une loi mystérieuse d'escalade et de surenchère, la courbe de la répression s'est envolée ces dernières années. Tout a commencé quand la police est ouvertement devenue le premier auxiliaire de la statistique d'État, l'instrument essentiel d'une communication politique se concentrant de plus en plus sur la sécurité et la lutte contre la délinquance. La « politique du chiffre », mise en place à l'époque de Nicolas Sarkozy, a insufflé à l'ensemble des forces de l'ordre une culture de la performance dont on ne compte plus les effets pervers. Une politique qui oblige les policiers à procéder à des contrôles, des arrestations et des gardes à vue de masse. Très vite, il s'est avéré que la manière la plus efficace, la plus rentable de remplir ces objectifs baroques, pour ne pas dire ubuesques, a consisté à concentrer l'activité de la police sur la lutte contre l'usage des stupéfiants. C'est ce qui explique l'augmentation vertigineuse des contrôles d'identité ces vingt dernières années, dont nous pouvons seulement donner une estimation puisqu'ils ne font l'objet d'aucun décompte : ils sont laissés à la discrétion des agents.

Les contrôles, un travail de sape inutile

Ces trente dernières années, le nombre d'individus arrêtés pour infraction à la législation sur les stupéfiants (aussi nommée « ILS ») a été multiplié par cinquante : il y en avait 4 000 en 1970, contre 100 000 en 2010 et entre 150 000 et 180 000 par an depuis 2013. La revente et le trafic ne représentent qu'une part infime des interpellations, car dans 80 à 90 % des cas, les procédures sont déclenchées pour la détention ou le simple usage de cannabis. Mais à l'arrivée, ce sont 30 000 condamnations judiciaires par an. Bien que nous ne soyons pas encore en mesure de savoir combien d'amendes forfaitaires de 200 euros (une nouveauté) auront été données en 2020, nous pouvons déjà nous attendre à un chiffre mirobolant.

Qui fait les frais de cette politique répressive d'envergure industrielle ? Est-ce que ce sont vraiment les trafiquants, ou bien les commissariats, les tribunaux et les citoyens ? Cette guerre d'usure contre l'usage coûte aujourd'hui un million d'heures par an à notre police (six heures pour une procédure d'usage simple), alors que le trafic et les bandes ne se sont jamais aussi bien portés. Dans les couloirs des tribunaux défilent les citoyens anonymes et les petites frappes. Les audiences se sont transformées en cohues stériles qui monopolisent le marteau de nos juges, tout comme l'attention des chaînes d'information.

Tous les témoignages, tous les indicateurs concordent. Aujourd'hui, les commissariats sont contraints de remplir des quotas d'interpellations, des exigences fixées à l'avance par des sommités à des années-lumière du terrain et surtout de la délinquance réelle, que les policiers sont souvent obligés de nier ou d'étouffer pour répondre aux attentes.

Le contrôle d'identité s'est peu à peu substitué aux arrestations ciblées des têtes de filières. Il est devenu l'accessoire principal de la répression des drogues et en particulier du cannabis. Il relève d'une logique purement mécanique : sans enquête ni victime. « Il est constaté et élucidé en même temps », comme le dit Bénédicte Desforges, ancienne officière de police documentant à présent dans ses livres la vie quotidienne des policiers. Jouissant d'une procédure simplifiée, le contrôle d'identité fait inexorablement monter les taux de résolution des commissariats, du moins sur le papier. Sa principale vertu reste bien entendu le chiffre.

Ce mode de fonctionnement n'existe dans aucun autre pays occidental. Tant mieux, car les plus hautes instances constatent aujourd'hui ses effets négatifs. Une proposition de loi récente (janvier 2018) souligne avec insistance que les contrôles d'identité, en plus d'être hautement discriminatoires, n'ont fait qu'élargir la fracture entre la police et la population. À cause de ces centaines de milliers de procédures, pour la plupart informelles, 80 % des Français « noirs ou arabes » de dix-huit à vingt-quatre ans affirment en 2019 avoir été contrôlés au moins une fois au cours des cinq dernières années, alors que les « blancs » ne le déclarent qu'à 16 % (c'est donc cinq fois moins). Puisque les fours sont le plus souvent situés à la périphérie des villes, les banlieues représentent le premier terrain des contrôles et les populations d'origine étrangère, les premiers groupes ciblés. La boucle des effets pervers n'a ni commencement ni fin : trop souvent humiliés, tutoyés, insultés, brutalisés, ceux qui subissent ces contrôles finissent par se défier des forces de l'ordre et perdent confiance en la justice et l'égalité, quand ils n'ont pas le sentiment de faire l'objet d'un harcèlement arbitraire.

Pourries par des centaines de milliers de contrôles, les relations entre la police et la population ne cessent de se détériorer. Rébellion, injures, provocations, les contrôles conduisent à d'autres procédures dotant d'un casier judiciaire des personnes qui ne devraient pas en avoir.

Seulement 4 ou 5 % des contrôles permettent de détecter une infraction : leur inefficacité est exemplaire. Quelle est donc leur utilité, lorsqu'aucune infraction ni aucun délit n'ont été constatés ? Les citoyens ne sont pas tenus d'avoir toujours leurs papiers sur eux, qu'est-ce qui justifie ces contrôles intempestifs ? *A priori*, deux raisons : une recherche de l'immigration clandestine, une logique de lutte contre les stupéfiants. Ces contrôles se concentreront donc dans les deux cas sur les minorités ethniques, c'est inévitable. Dans les cités, les contrôles permanents et l'omniprésence des interpellations nourrissent la peur des uns et la haine des autres envers les policiers. Beaucoup considèrent même que ces contrôles ont empoisonné les relations entre la police et la jeunesse. Il est de notoriété publique qu'il s'agit du principal point de crispation.

Dans les classes populaires, la police a depuis longtemps perdu une partie de son crédit républicain. Est-ce vraiment sa faute ? Quand on sait que les policiers sont récompensés pour leurs performances en la matière, notamment les chefs, n'est-il pas évident que la politique du chiffre, la répression du cannabis et les contrôles d'identité entrent en interdépendance ?

Pas de répit pour la police

Bien plus sourde et diffuse, « la haine anti-flics » est devenue une norme sociale, une bombe qu'un rien suffit à faire exploser cycliquement. Qu'on ne s'étonne plus si la colère et la frustration font partie intégrante de la culture des banlieues. En attendant qu'une décision forte mette fin au mécanisme, le cannabis a fait son petit bout de chemin, il s'est confortablement installé dans les loisirs des classes moyennes et supérieures qui n'ont même pas idée des conséquences de leur consommation. Oui, la fumette se porte bien. Elle s'engraisse et s'embourgeoise, insensible aux mesures drastiques de répression, chaque coup de gourdin semblant même la faire grossir. Fallait-il en arriver là pour nous rendre compte qu'un tel marché de masse ne disparaîtra pas sous les coups d'une répression forcenée ?

Au-delà de la question du contrôle massif des populations, c'est celle du rapport entre la police et les réseaux organisés qui se pose. Plongés dans une guerre larvée et permanente, les dealers cherchent sans cesse à acquérir de nouveaux clients. Les blocs et les points de vente de groupes antagonistes sont parfois distants de quelques centaines de mètres. Ainsi, en plus de dissiper son énergie dans des contrôles répétitifs, épuisants, dégradants, en plus de s'acharner vainement sur les pseudo-racailles et les enfants qui courent les rues et qui sont remplacés une demi-heure après leur arrestation, la police peut compromettre son intégrité dans la lutte contre le cannabis. La preuve la plus éclatante est bien sûr la création d'un nouvel Office anti-stupéfiants, censé ne pas reproduire les erreurs de son prédécesseur, tombé sous le poids des scandales qui ont émaillé son histoire. Cette action d'envergure ne doit cependant pas faire illusion : la compromission quotidienne est bien moins spectaculaire.

Avec des rangs plus clairsemés que jamais, les policiers et les baquistes affrontent des trafiquants de plus en plus structurés, riches et armés, qui contrôlent les réseaux de distribution, mais se sont également façonné une réputation de rois dans les cités. Les fours se comptent par milliers, leurs chiffres d'affaires insolents embrassent une fourchette allant de 5 000 à 20 000 euros par jour pour les plus achalandés. Face à cette explosion des points de vente, des dealers et des gammes de produits, les polices spécialisées comme la BAC ne savent plus où disperser leurs forces. À supposer que dans la majorité des cas, leurs actions envers une bande plutôt qu'une autre obéissent à une logique rationnelle – tarir, asphyxier les sources de consommation, c'est-à-dire les supermarchés en bout de chaîne et non les grossistes ou les gros trafiquants –, on ne peut imaginer qu'ils pourront un jour enrayer la distribution. C'est impossible.

Les policiers le savent très bien, ils ne font que déplacer le trafic, non pas d'un territoire à un autre, mais d'un four à l'autre, parfois d'un immeuble à l'autre. Les brigades anticriminelles, en particulier celles des Bouches-du-Rhône et de Seine-Saint-Denis, peuvent bien espérer contenir les points de fixation par la force répressive, éviter la montée en puissance des fours, si la consommation continue de flamber, chaque tentacule coupée repoussera ailleurs en quelques semaines. Autrement dit, personne, ni les dealers ni les préfets, ne croit que l'action de la police puisse résorber la distribution.

Un pousse-au-crime statistique

Triste constat ou vérité nécessaire : notre politique répressive pousse certains policiers dans les bras de la corruption. Ne pouvant poursuivre toutes les bandes à la fois, tous les dealers, tous les réseaux, les policiers se sont tournés vers l'action qualitative. Quand la police décide de harceler un point de vente plutôt qu'un autre, elle crée un déséquilibre et devient l'arbitre implicite des trafiquants. Juge de paix territorial bien en amont de la justice, la BAC est obligée de choisir quel point de vente attaquer. Mais pour ne pas perdre totalement le contrôle des territoires, elle est aussi forcée de composer avec le reste des trafiquants, d'entretenir des relations malsaines d'amis-ennemis au sein desquelles tout le monde finit par se connaître. Sur des territoires aussi petits, confier à la police l'arbitrage de distributeurs aussi grands, c'est une folie, d'autant que les enjeux économiques sont considérables.

L'arbitrage de ce marché qui pèse un milliard est désormais un vecteur de corruption sans égal de la police.

Nous n'en ferons évidemment pas une généralité, mais les exemples de policiers impliqués dans des affaires de corruption sont nombreux. À Saint-Ouen, Saint-Denis, Marseille ou Lyon, et même dans le XVIIIe arrondissement de Paris, des policiers se compromettent, poussés par les circonstances à protéger certains trafiquants pour en détruire d'autres, ou simplement profiter du désordre et de la confusion pour récupérer leur part.

Sont-ils pour autant responsables ? Je ne crois pas qu'il nous revienne de le dire. Tous les jours, un fait divers parvient à nos oreilles, nous annonçant que la police ne peut plus rentrer dans les quartiers, que les policiers, impuissants, sont confrontés à la violence, à la haine et à la défiance croissante de la population. Tous les ans, des reportages, des longs-métrages et des livres nous montrent, preuves à l'appui, que ce jeu infernal du chat et de la souris a entraîné le chaos.

Les policiers ne combattent pas seulement des réseaux : ils affrontent des systèmes. Le cannabis a aujourd'hui une fonction très spéciale dans les quartiers. Il sert de béquille sociale, de perfusion à de nombreuses familles, d'avenir illusoire à beaucoup d'enfants, de mode et d'identité à de nombreux groupes sociaux. C'est un système nourri par une culture et fondé par des besoins qui dépassent largement le petit pouvoir des trafiquants.

La police subit une double contrainte, schizophrène par bien des manières : elle doit être d'une efficacité irréaliste face à un trafic violent aux enjeux économiques et politiques énormes ; elle doit à la fois protéger et réprimer des populations interdépendantes, contenir et démolir son terrain d'opération. En 2019, il y a eu une soixantaine de suicides parmi les forces de l'ordre, un taux bien supérieur au reste de la population. Comment en est-on parvenu à employer les policiers comme on déciderait de faire tourner des machines à plein régime ?

Une véritable gabegie judiciaire

Devons-nous considérer comme viable et compétente une politique répressive qui fait interpeller 150 000 personnes par an, exige des fonds colossaux et mobilise un million d'heures de police, sans toutefois parvenir à réduire la consommation ? Disons-le une fois de plus, la répression a fait ses preuves, les chiffres sont là : c'est une débâcle. À présent, il y a davantage d'usagers et de revendeurs de cannabis en procès ou en prison que de trafiquants réels. Les seules infractions pour un usage simple ont conduit 3 390 personnes à la case prison en 2015, la France étant la championne d'Europe en la matière. Cette furie de la procédure et de la condamnation a des conséquences bien réelles sur les commissariats, les tribunaux et les prisons.

Les commissariats orientent leurs ressources et leurs effectifs sur la pourchasse des consommateurs, diminuant par là même leur honnêteté et leur efficacité dans les autres domaines. Les témoignages des femmes battues par leurs maris nous ont récemment démontré les ravages des protocoles laissés à la discrétion des agents. Étendez ce système à des réseaux, à des villes entières peuplées de petits et de gros trafiquants et vous comprendrez les conséquences regrettables de notre politique répressive.

Il fallait s'y attendre, les commissariats inondés de petites infractions produisent des palais de justice débordés d'affaires minimes : entre 2000 et 2015, les condamnations dans le domaine des stupéfiants sont passées de 21 000 à

60 000 (10 % des dossiers !), sans que quadruple cependant le nombre de juges, de greffiers ou de salles d'audience. Et 91 % de ces peines concernent le cannabis. Le pire résultat de ce fonctionnement délétère, ce ne sont pas les embouteillages des cours (si seulement), c'est une justice condamnée à devenir expéditive, systématique, de masse. Quand l'abstraction dicte l'ordre des priorités, quand le chiffre aveugle tyrannise le terrain, c'est l'argument de la quantité qui l'emporte partout.

Enfin, les tribunaux engorgés déversent chaque année des flots de condamnés inutiles qui viennent surpeupler les prisons. Mais celles-ci ne sont pas adaptées pour accueillir tous les repris d'une répression aussi considérable, pas plus qu'elles ne savent gérer des populations aussi différentes, de tous âges, toutes origines, tous milieux sociaux, comme le sont les multiples acteurs du cannabisme. Surpopulation, promiscuité des petites gens échouées et des gros criminels : tous les ans, des milliers de consommateurs et de revendeurs terminent leur course entre les murs de ces établissements pénitentiaires qui ne cessent de gonfler... Dans le milieu carcéral, les revendeurs sans importance rencontrent les gros trafiquants. Remontant les filières, découvrant le véritable trafic, ils s'initient à des techniques et des types de consommation plus rentables, apprennent les arcanes de la grande distribution, de la hiérarchie et de la domination. Pour eux, la prison est l'école du vice. En cabane, comme dans le film *Un Prophète* de Jacques Audiard, les consommateurs se font trafiquants, les trafiquants ressortent caïds, les caïds deviennent barons. La prison est désormais le rituel inévitable des élites de la drogue. Comme le dit le personnage George Jung, incarné par Johnny Depp dans *Blow* : « Danbury n'était pas une prison, c'était l'école du crime. J'y suis entré avec un baccalauréat en marijuana, j'en suis sorti avec un doctorat en cocaïne. »

Voilà en quelques mots le poids du cannabis dans notre système carcéral. Maintenant, quel en est le coût financier ? Le rapport du Conseil d'analyse économique donne les estimations suivantes. La lutte contre le cannabis coûte en moyenne chaque année 568 millions d'euros aux caisses de l'État et ce montant grimpe à 919 millions si l'on ajoute les charges liées à l'emprisonnement et à la réinsertion. 70 % de ces dépenses sont consacrées à la répression policière, 20 % aux procédures judiciaires, 10 % à la prévention et à la recherche. Suffisamment édifiant ? Le cannabis nous coûte en somme un milliard d'euros par an, sans compter le coût administratif et humain, toutes ces forces, toutes ces énergies qui ne sont pas employées à meilleur escient. Sans compter non plus, comme l'affirment certains économistes, le prix invisible d'une répression absurde, les suicides, les arrêts maladie, l'usage du matériel, la prolifération parallèle des autres types de délits, l'inactivité des individus qui finissent en prison… La facture réelle de cette politique de contrôle doit être largement supérieure.

La honte de la République, c'est ainsi d'imposer aux policiers des objectifs démesurés qu'ils ne pourront pas atteindre, c'est de sacrifier leur temps, leur énergie et leur dévouement à un combat perdu d'avance. C'est d'avoir laissé s'envoler les fins répressives sans en augmenter les moyens, c'est d'avoir favorisé la misère dans les rangs mêmes de ceux qui sont censés la combattre, alors que leur prestige s'écroulait sous les coups d'affaires scandaleuses et de procédures arbitraires.

La honte de la République, c'est de mettre en danger sa propre police en l'exposant à la violence et à la haine des populations. C'est d'avoir répondu à une consommation de masse par une répression de masse, sans se rendre compte que les policiers en seraient les premières victimes, que leur honnêteté serait défiée en permanence sur les territoires, qu'ils ne parviendraient pas à justifier leurs contrôles incessants. C'est d'avoir poussé la police à devenir juge et partie d'un trafic aux enjeux économiques colossaux.

La honte de la République, n'est-ce pas de n'avoir jamais envisagé le coût exorbitant d'une répression entêtée, n'est-ce pas d'engorger, d'empoisonner même, les commissariats, les tribunaux et les prisons en arrêtant et en condamnant des dizaines de milliers de personnes chaque année ? N'est-ce pas de nier le coût financier et humain de ses politiques et de s'obstiner à punir jusqu'au ridicule, quand on sait désormais que ce système punitif a pour unique vertu de fournir de nouveaux soldats aux trafiquants ?

L'État met en danger sa police : c'est la honte de la République.

5.

La rue contre l'école

J'aime mon école. Elle m'a tout donné. L'école est le creuset de la République. Bien avant les autres institutions, elle nourrit les liens sociaux, les amitiés. Elle enseigne les premières habitudes qui permettront aux élèves de naviguer librement dans la société : la fraternité, le respect, le mérite et également la pugnacité et la détermination. Parce qu'elle porte le bandeau de l'impartialité, l'école encourage la mixité et les différences, n'éduquant pas seulement de futurs travailleurs, mais des citoyens. Le savoir y est dispensé à tous les individus, sans distinction de classe, d'origine ou de confession, car dans une République fière et pérenne, il se présente comme le premier instrument d'émancipation. Quel que soit le temps que l'on passe à l'école, personne ne devrait avoir peur d'apprendre.

Les jeunes devraient s'imaginer, se convaincre que par cette voie prospère, on accède à la réussite, à la citoyenneté et au travail. Ils devraient comprendre dès le plus jeune âge que le mérite ne se circonscrit pas à la richesse et aux signes de pouvoir, qu'il touche au contraire à des valeurs plus nobles et immatérielles, autrement plus difficiles à atteindre. L'honneur de la République, c'est cette école dont ont joui beaucoup de jeunes de ma génération, c'est cet apprentissage de la culture qui se prolonge dans un savoir-faire ou à l'université, accessible, ouverte. Cette école gratuite, laïque, universelle dont nous rêvons et qui est aujourd'hui en danger.

Cash is king

Chaque année en France, 100 000 jeunes sont éjectés du système scolaire. Ce phénomène est le fléau de toute une génération. Nous leur avons déjà trouvé un nom, celui de NEET (« Neither in Employment nor in Education or Training »). Alors qu'ils auraient dû être formés à des métiers dès l'âge de seize ou dix-huit ans, de beaux métiers, ces adolescents et ces jeunes adultes désertent les bancs de l'école et ne sont plus rattrapables par la suite.

Les cinq dernières décennies ont vu le modèle du travail et de la réussite se transformer en profondeur. Dépouillés de leur noblesse, de leur tradition, de leur valeur, les métiers injustement qualifiés de « manuels » ont été peu à peu frappés d'un extraordinaire mépris de classe, négligés par les comptables, abandonnés par les élites politiques et culturelles. Dans le même temps, les familles s'atomisaient et nous supprimions une à une les « cordes de rappel », dont la dernière, pourtant d'une efficacité légendaire, fut celle du service militaire. Avant 1995, les jeunes citoyens se voyaient appelés à dix-huit ans, même s'ils étaient sortis du système scolaire et côtoyaient déjà la délinquance, le chômage ou pire, la précarité. Cette génération « intermédiaire » revenait du service avec un permis de conduire, un permis poids lourds, de la discipline, une nouvelle éducation et parfois un savoir-faire. Elle pouvait se réintégrer à la société.

Nous avons créé une génération de têtes brûlées comme elle se surnomme elle-même, dont une grande partie tombe, faute de cordes de rappel, dans la consommation et la vente de cannabis. Cette économie, cette culture ont été contraintes de se reformuler comme un anti-modèle positif, une voie alternative à la réussite institutionnelle et civile : une anti-méritocratie. Au sein de la génération des oubliés, la représentation de la réussite se matérialise avant tout par l'accès le plus rapide à la richesse : *cash is king*.

Acquérir des moyens financiers si possible illimités, parvenir à une haute position économique, dépenser et acheter tout ce qui a fait cruellement défaut, mais surtout pouvoir le montrer, l'exposer, l'afficher : voilà ce qui anime une jeunesse pauvre que l'école n'est pas parvenue à émanciper. Auparavant, des générations entières rêvaient d'avoir, d'être propriétaires et matériellement émancipées, tout en considérant qu'elles pouvaient bien vivre sans ces possessions immédiates. La génération contemporaine rêve au contraire de montrer ce qu'elle possède, elle n'acquiert que pour exhiber à la vue de tous, comparer publiquement ses richesses. Et pour parvenir à cet objectif, tous les moyens sont bons.

La honte de la blouse bleue

Véhiculée par les réseaux sociaux, cette mode est un témoin à charge de la faillite de notre système de valeurs. Depuis trop longtemps, la République consacre énormément de ressources à former une élite, à développer une école à deux vitesses, au détriment d'autres métiers, d'autres territoires et des classes socio-économiques les plus faibles. À Paris et à Lyon, les grandes institutions séculaires comme Polytechnique, Normale Sup, Sciences Po et HEC, les pôles de recherche comme PSL, ou encore les mille établissements du *cursus honorum* à la française drainent leurs forces des quatre coins de l'Hexagone et accaparent le prestige jusqu'à la dernière goutte, quand ils ne monopolisent pas tout simplement les financements. Les grandes écoles sont si peu enclines à la diversité sociale (sans parler de la couleur de peau), que le Sénat parlait dans un rapport de 2007 d'une « forme de délit d'initié ». Polytechnique recrute 80 % de ses effectifs dans une dizaine de lycées et la moitié d'entre eux proviennent de Louis-le-Grand et de Sainte-Geneviève, à Versailles. Cet exemple vaut pour toutes les grandes écoles. La méritocratie serait-elle atteinte de consanguinité ?

La place accordée aux disciplines jugées plus nobles, le mirage du baccalauréat pour tous, la chimère de l'université ou rien, toutes ces croyances mettent en faillite notre système éducatif, dans lequel les formations intermédiaires et plus modestes ont été vidées de leur valeur. L'école universelle d'aujourd'hui est divisée entre les premiers et les derniers de cordée, ceux qui excellent et qui, la tête haute, intègrent une institution prestigieuse, et ceux qui échouent et qui, méprisés, sont envoyés à la hâte sur le marché du travail, après un bref apprentissage. Quand il n'est pas possible pour chaque élève de sortir de l'école avec une formation et un métier qui suscitent la fierté, c'est l'échec de toute une nation.

Les élites n'ont pas assez conscience des savoir-faire hors de leur vase de plus en plus clos. Porter un uniforme bleu ou un tablier dès la seconde donne l'impression d'échouer. Dans les discours, les représentations, la société entière partage cette vision. Nous rions à gorge déployée lorsque les humoristes singent les conseillères d'orientation et leurs voies de garage. Les lycées professionnels, les formations techniques ne sont plus des débouchés conduisant vers des métiers utiles et abondants, ce sont des solutions réservées aux pires élèves. Si votre fils n'obtient pas les résultats exigés par l'école, si pour des raisons familiales ou économiques un gamin s'en désengage, il n'a plus qu'à suivre une filière professionnelle. Ne nous étonnons pas que l'école ne soit plus la priorité pour un nombre croissant d'élèves, que la conviction d'une école universelle et émancipatrice s'amenuise comme peau de chagrin. Notre système éducatif, obsédé de centralisation, est en guerre contre lui-même.

La faillite de la représentation

Le système scolaire français a échoué, dans les faits comme dans les représentations, à valoriser les métiers manuels, les travaux que nous considérons de nos jours (c'était déjà le cas dans l'Antiquité) comme les moins nobles. La plupart des jeunes des quartiers populaires ne parviennent pas à percevoir la réussite sociale que peut offrir l'école. Ils comprennent de moins en moins quel peut être le sens de la méritocratie, puisque celle-ci se confine aux sphères confidentielles des écoles prestigieuses et des grandes universités. On constate donc un désengagement général de l'institution scolaire, en particulier chez les jeunes garçons, mais aussi de la part des professeurs.

C'est dans cette faille du système que le cannabis s'est introduit. Quel peut être son impact sur l'école ?

Répétons-le, la consommation du cannabis représente un frein neurologique à l'apprentissage. De nombreux élèves commencent à fumer dès le collège. Ces habitudes, que ce soit par l'apathie cérébrale qu'elles provoquent ou la contre-culture qu'elles suscitent, nuisent aux études, parce qu'elles affectent directement les capacités cognitives de l'adolescent. Le cannabis prive aussi des dizaines de milliers d'élèves des forces mentales et psychologiques nécessaires à leur émancipation.

Face aux promesses de formation et de débouchés professionnels non tenues, le trafic sait honorer ses engagements et récupère les élèves qui abandonnent l'école ou que l'école désavoue. Du libéralisme dans son jus le plus pur. Plutôt que d'obtenir les fruits d'un labeur acharné comme leurs parents, plutôt que d'exercer un travail qui sera méprisé, la nouvelle génération rêve de montrer le plus vite possible, d'exposer sa réussite aux autres, même fictive. Les jeunes ne veulent plus travailler longtemps, ils ne veulent plus trimer toute leur vie, car ils se savent exclus et exploités par la société. Ne concevant plus la réussite sur le long terme, ils embrassent un modèle court-termiste que les réseaux sociaux se chargent de propager. Le succès doit être immédiat, l'ascension foudroyante, la fortune doit s'acquérir tout de suite, se montrer maintenant, comme si elle était tombée par magie, sans effort. Dans la rue, on gagne à coups d'étiquettes. Pour ce faire, le trafic de cannabis apporte un puissant concours à tous ces jeunes qui croient au mythe de l'argent facile. Pendant ce temps, les dealers profitent du système. Organisant leur trafic aux abords des écoles, ils affichent cette opulence insolente qui leur permet de recruter les adolescents désœuvrés par bandes entières, sans compter leurs intrusions admirées par les jeunes dans certains établissements qui ne sont plus en sécurité. En Seine-Saint-Denis, plusieurs événements récents l'ont montré, on ne compte plus les incursions des dealers dans les écoles. En toute impunité.

Avant même de commencer sérieusement l'école, des centaines de milliers de jeunes n'y croient plus. La rue leur chuchote qu'ils obtiendront quelques bribes grâce à ce capitalisme illicite qui pourrit nos institutions. Le modèle de réussite séculaire a dévié vers un modèle de succès à court terme, puissant vecteur de démotivation de la jeunesse, brisant les barrières morales, plongeant les quartiers populaires dans un cercle vicieux impossible à entraver. Nous sommes-nous vraiment donné les moyens de lutter contre le trafic ? Les professeurs sont-ils encouragés à redoubler d'efforts, l'école est-elle dotée à la mesure des exigences ? Avons-nous fait la critique nécessaire de notre système méritocratique ? Un constat s'impose : la République n'a pas assez investi dans les zones d'éducation prioritaire. Plus l'environnement du trafic est puissant, plus il faut développer l'éducation. Quand l'État le comprendra-t-il ?

La rue contre l'école

Aujourd'hui, que signifie mériter pour une partie de la jeunesse populaire, quand le trafic représente une voie d'ascension, un carriérisme comme les autres ? Réussir dans le domaine de l'illicite, c'est s'émanciper, s'enrichir en restant dans l'univers des banlieues, tout en se faisant une gloire d'être en marge de la société. Les quartiers ont engendré leur propre culture, leurs mythes, leurs récits, ils ont écrit leur propre histoire et inventé leurs codes, de sorte que personne ne puisse les comprendre et les reproduire.

C'est l'anti-méritocratie, qui conteste en bloc le modèle classique et se sert de sa destruction pour fonder une identité positive. Le rap est son moyen d'expression par excellence. Il raconte l'histoire des immigrés et des colonisés, dépeint la vie des banlieues et encense parfois les lois des trafiquants, quand il n'est pas composé par ceux qu'il décrit. Le rap chante une révolte permanente, récupère et pervertit les codes les plus emblématiques de la bourgeoisie. Il exalte l'anti-modèle de réussite étranger à « votre » école, à « vos » institutions, à « votre » système de valeurs. L'univers des cités est contenu en lui. Il agit sur la société comme un révélateur de sa cruauté et de ses contradictions. Ce qui choque, ce qui fait sa puissance et son importance existentielle quand on le comprend, c'est qu'il est un art révolté, critique, efficace. Il explose les barrières et sert à s'émanciper de la réalité.

Dans cette anti-méritocratie, le cannabis et le trafic occupent une place qui n'a cessé de grandir. Jusque dans les consciences des jeunes de classe moyenne, ils sont devenus les plus forts symboles de l'illicite et de la désobéissance, les étendards de la contre-culture. Fumer et dealer sont désormais des actes de dissidence.

Dans toute la France, le cannabis se vend ; partout, il fait vendre. Acteur idéologique et commercial, il a envahi les univers de représentation, du petit au grand écran en passant par les mangas, les bandes dessinées, les clips et les journaux. Bien entendu, il n'a pas manqué de s'imprimer dans les consciences de toute une génération, venant perturber l'école et glorifier un modèle niant les valeurs de la République. République qui n'a pas encore compris qu'elle renforce le pouvoir et l'attrait de l'herbe chaque fois qu'elle redouble sa politique de répression.

Dans les banlieues comme dans l'imaginaire, deux voies d'émancipation s'affrontent. À ce titre, le film de Kery James *Banlieusards* est tombé juste, en opposant un aîné dealer et un benjamin étudiant, lancés dans une compétition, d'ordinaire implicite, entre le bon élève et le trafiquant.

C'est la rue contre l'école, le mérite républicain contre le mérite antirépublicain qui se joue dans notre société. La capacité d'attraction de l'école est constamment mise en péril par la pesanteur de la rue. Plus la rue accumule de nouveaux moyens et plus l'école, en tant qu'ensemble de valeurs universelles, est en danger.

Si notre système était sain, l'allié principal de l'école serait l'emploi. Face aux aspirations de richesse à grande vitesse, l'école devrait opposer comme argument massue la réussite sociale par le travail. Mais comment exiger de cette jeunesse qu'elle mette de l'application, de l'assiduité et de la persévérance à étudier, alors qu'elle perçoit la discrimination, le chômage et la précarité comme seules récompenses ? L'école subit ainsi l'aspiration de la rue et l'expiration de l'emploi. Déjà prise en étau, pour couronner le tout, elle doit faire face à des types de ségrégation perfide à toutes les étapes de la scolarité. À diplômes égaux, à qualifications égales, même ceux qui ont un parcours scolaire irréprochable ne parviennent pas à décrocher un travail honorant leur niveau d'études. Peuvent-ils, dans cette situation, se présenter comme modèles aux générations suivantes ?

La bataille de l'imaginaire

D'après vous, d'où viennent les aspirations de l'anti-modèle, de l'anti-méritocratie, si ce n'est de la méritocratie elle-même ? Le modèle des cités n'est-il pas le spectre symétrique de cette société libérale qui lui a donné le jour ? Si nous n'avions pas abandonné notre République à l'accaparement sauvage des richesses, les trafiquants n'auraient jamais pu faire de la sauvagerie leur bannière. Si la société française n'avait pas abdiqué ses valeurs à un matérialisme cynique se diffusant dans les institutions elles-mêmes, les cités n'auraient jamais fondé leur prestige sur la possession. C'est la dernière caractéristique de l'anti-méritocratie : la quête effrénée de l'étiquette, la recherche passionnée du luxe, la volonté de revêtir les armes mêmes de l'ennemi. Afficher sa richesse, c'est posséder les marques les plus luxueuses, les voitures, les téléphones, les vêtements et les accessoires les plus chics, les plus emblématiques de la bourgeoisie du capital. Lorsque les banlieues se sont emparées des marques, les marques ont compris comment s'emparer des banlieues.

Les plus grandes enseignes de luxe ont ainsi assimilé l'ensemble des représentations populaires. Longtemps réservées à une élite qui ne communiquait pas avec les masses, elles savent désormais orienter leurs stratégies sur la conquête des jeunes, y compris des milieux les plus pauvres. Pour y parvenir, elles se sont rendues accessibles à tous ceux qui possèdent des billets de banque, quitte à faire le grand écart. Le goût et la distinction ne sont plus les moteurs du luxe, c'est l'argent. En ceci, un trafiquant de Seine-Saint-Denis n'est pas si éloigné d'une bourgeoise du XVIe arrondissement : tous deux poussent les portes de Louis Vuitton, le premier s'achète une sacoche, la seconde un foulard. Sans surprise, dans un monde où la réussite officielle est synonyme de richesses et d'accaparement des biens, la réussite officieuse s'accomplira par l'étalage insolent de la même opulence et le travestissement des mêmes signes.

Les grandes marques l'ont compris et misent gros sur le street marketing, le marketing du ghetto. Les enseignes de luxe, notamment dans le sportswear, savent pertinemment que la promesse de puissance est une manière de vendre leurs produits à tous les jeunes des quartiers. En témoigne le partenariat entre Lacoste et le rappeur Moha La Squale, qui met à profit la sociologie actuelle. Sinon, comment un ancien dealer du XXe arrondissement, devenu un rappeur incontournable en quelques semaines, pourrait-il s'associer à la marque emblématique des nouveaux riches pour concevoir une ligne de vêtements ?

Voilà à peu près ce qui trotte dans la tête d'un jeune d'aujourd'hui, lorsqu'il fréquente l'école, le collège ou le lycée, où les professeurs sont à peine mieux payés que des serveurs et dans lesquels les personnels de direction tutoient chaque année la dépression nerveuse. Il suffit qu'un adolescent de dix-sept ans arrive en classe avec plusieurs milliers d'euros dans les poches pour que le professeur subisse une déchéance définitive de son statut et de son autorité.

Dans l'imaginaire comme dans la réalité, la bataille contre le trafic de cannabis est perdue jusque dans les salles de classe, pour reprendre les mots de notre président. À l'extérieur, une rixe en marge d'un territoire galvanise bien plus les élèves que les livres d'histoire ou de physique-chimie. Un petit dealer ayant réussi à s'introduire dans le trafic les exalte bien plus qu'un agrégé brillant avec ses sept ou huit années d'études. Les représentations ont changé, les nouvelles générations se sont pour la plupart débarrassées du mythe républicain. Elles délaisseront d'ici peu ses dernières valeurs, dans une mue étrange pour un peuple qui vante sans cesse son modèle d'assimilation.

Les politiques d'éducation prioritaire ont échoué. À l'entrée en classe de sixième, les écarts sont déjà creusés entre des élèves des milieux aisés et ceux des populations défavorisées, qui ont quatre fois plus de chance de rencontrer des difficultés insurmontables au cours de leur scolarité. Quand un élève vient de la deuxième génération d'immigrés, il a une chance sur deux de connaître des problèmes scolaires sévères. Cette moyenne prend en compte le territoire dans son ensemble, car si nous nous concentrons sur les quartiers pauvres, il aura deux fois moins de chances d'accéder à la classe de seconde générale ou technique qu'un enfant ayant grandi dans un milieu favorisé. Comme l'OCDE l'a indiqué en 2015, en France, le pays de l'éducation universelle, nous sommes tout simplement les cancres européens de la démocratisation scolaire. C'est chez nous que la relation entre les performances des élèves et leur milieu social est la plus forte. Ne nous voilons pas la face : la reproduction sociale, l'exclusion économique, la ségrégation, tous ces phénomènes qui semblent d'un autre temps sont des réalités en recrudescence. Cet état de fait ne s'explique que par la gestion désastreuse du territoire depuis l'après-guerre. Pour comprendre le présent, il faut admettre que les pauvres vivent dans les grands ensembles et les cités, où le taux de pauvreté est le double de la moyenne nationale, déjà si haute. À Grigny en Essonne, l'échec scolaire frappe la moitié des élèves. Et la ville a la réputation d'être l'un des plus grands fours d'Île-de-France.

Notre modèle d'ascension est un échec cuisant pour des centaines de milliers de jeunes qui, faute d'habiter dans des quartiers adéquats, devraient pouvoir s'extraire de la banlieue et de la pauvreté par le travail et l'éducation. Mais notre système éducatif est en déroute. Il incite toute une jeunesse à choisir la rue et donne des arguments à ceux qu'il combat. L'école ne tient plus ses promesses. C'est la honte de la République.

La rue contre l'école, les marques contre les livres, les efforts méritoires contre les richesses ostentatoires : les valeurs républicaines subissent de plein fouet un anti-modèle chaque année plus répandu et plus attractif. À pauvreté partagée, valeurs communes. L'anti-méritocratie plonge ses racines dans le terreau de la misère et des rêves brisés. Elle se nourrit des discriminations, du chômage, des échecs scolaires et d'une exclusion dégradante. Le cannabis en est devenu un symbole, le trafic sa voie favorite de réalisation. Désormais, les images mêmes du deal et de la came se vendent et s'exportent ! La rue est en passe de triompher du mérite et de l'émancipation. C'est la honte de la République.

Dans les quartiers, l'école ne répond plus à sa promesse républicaine, l'éducation n'est pas universelle. Nous avons perdu la bataille contre le trafic et nous allons perdre la guerre contre ses représentations. Court-termisme, argent, luxe, gloires d'un jour sur la toile, compromettre sa vie entière pour briller une fois de mille feux, errer dans les cités, abandonner ses espoirs, tout vaut mieux que notre école sans médailles, que notre instruction sans couronne. C'est la honte de la République.

6.

Le cannabis michtonne les filles

Ma République trouve le courage de se regarder dans la glace. Quand un problème se présente, elle fait une photographie réaliste de la situation : sa politique peut défaillir et porter préjudice aux individus. Ma République se remet toujours en question, pour donner corps à la méritocratie dont elle se vante. Elle met un point d'honneur à n'abandonner personne, à ce que des situations intenables ne sapent jamais ses fondements. L'honneur de la République, c'est de refuser la distinction entre les sexes, de refuser que quiconque fasse commerce de son corps, que personne n'en vienne à un tel avilissement pour survivre, car son serment le plus ancien, le plus sacré, est d'assurer la protection de toutes les vies singulières qui composent la communauté.

L'enracinement du trafic de cannabis met en péril des milliers de femmes habitant les cités et la périphérie des villes. En première ligne, abandonnées par les pouvoirs publics, les mères de famille et leurs filles sont aux prises directes avec les trafiquants et récoltent tout ce que la consommation de cannabis a semé dans leur vie quotidienne. Ce processus de désintégration sociale, de décomposition des mœurs, cette évolution des services publics, de l'école, de l'assimilation républicaine, ce trafic qui dure depuis trente ans, la précarité et le culte de l'argent, rejaillissent sous une forme nouvelle, en germe depuis le début. La prostitution se répand dans les banlieues à la vitesse de l'éclair et menace les jeunes femmes.

Les mères en première ligne

Où sont les femmes dans l'espace public des banlieues ? Comment y évoluent-elles ? Comment accusent-elles les répercussions du trafic ? En moyenne, les jeunes filles et les femmes s'adonnent moins à la consommation de l'herbe. Cependant dans un monde contrôlé par les hommes, qui plus est par les trafiquants, les dégâts collatéraux de cette drogue sur l'existence des femmes et l'imaginaire féminin se répercutent sur plusieurs plans où elles sont en première ligne.

Une conception ultra-individualiste du monde voudrait que chacun se défende soi-même, assure la protection des siens et de ses biens. Dans une conception républicaine, ce n'est pas à l'individu de se défendre, mais à l'État. Or les mères subissent aujourd'hui de plein fouet l'impuissance, ou plutôt la démission de la République dans les quartiers. Livrées à elles-mêmes, elles doivent s'organiser, s'associer pour lutter contre le trafic, combattant bien souvent leurs fils, voire les amis de leurs fils, et s'exposant aux menaces, aux harcèlements et aux représailles des dealers.

En juin 2019, à Boissy-Saint-Léger dans la cité de la Haie-Griselle : les « Mamans de Boissy » créent une association pour mobiliser un réseau de mères du 94 à la suite d'une fusillade. 15 novembre 2019, à Saint-Denis : des mères forment leur centième chaîne humaine devant le groupe scolaire Hugo-Balzac-l'Hermitage, où les trafiquants s'introduisent, dorment et cachent leur drogue. Début juin 2019, à Gentilly, dans la cité Victor-Hugo : après qu'un homme a été abattu devant l'école maternelle, des mères montent le collectif « Be Happy Be Gentilly », pour se réapproprier l'espace public et réclamer des mesures d'urgence. Le premier avril 2019, un groupe de femmes des quartiers nord de Marseille publient une tribune dans le journal *Libération*, pour témoigner de leur terreur quotidienne et réclamer que les biens saisis de la drogue soient redistribués aux cités. Manifestations, autodéfense, interpellation des élus et des policiers, occupation des points stratégiques du trafic, chaînes humaines, les mères sont de nos jours forcées de batailler sur tous les fronts. D'autant plus que les pères ne peuvent se permettre de s'exposer ou de monter d'un cran sans provoquer de sérieux conflits, résultat d'une stricte répartition des rôles, d'une lutte masculine pour la domination.

Et la misère des femmes ?

Tout ce que nous avons dit de la violence et de la guerre des territoires, il s'agit maintenant de l'appliquer aux personnes y étant le moins impliquées. Les mères qui vivent dans des quartiers où manquent les moyens de subsistance, où les services publics décrochent, comme l'école et l'hôpital, où les espaces communs sont réquisitionnés par des bandes violentes, souveraines, déterminées. L'inhibition est permanente, la menace quotidienne. Ces familles sont dépossédées de leur lieu, de leurs liens d'existence, elles craignent tous les jours que leurs enfants s'embarquent dans un réseau, que des amis ou des connaissances succombent d'une balle perdue, que la violence s'abatte sur leur entourage. Privées de République, les mères ne peuvent même pas espérer bâtir la leur. L'espace est monopolisé, elles n'ont aucun moyen, aucun statut, aucune indépendance. Il faudrait des livres entiers pour décrire la pression qui s'exerce jusqu'aux interstices les plus étroits du quotidien. Imaginez des familles expulsées de leur habitation parce qu'un fils ou un frère s'est livré au trafic, parce qu'une loi permet de punir toute une famille pour les fautes d'un seul de ses membres. Un fils qui glisse, c'est une expulsion. Les mères purgent une double peine et avant ça, elles survivent en risquant constamment que ne s'altèrent leurs relations les plus fortes.

Qu'en est-il des femmes isolées ? Des veuves, des mères célibataires ou mères adolescentes, des enfants délaissés par leurs parents ? Que font ces femmes quand les liens de solidarité, d'entraide, de communauté ont été détruits par le trafic ? Comment vivent-elles, quelles misères connaissent-elles ? Soit que le père ait perdu la vie, soit qu'il ait pris la fuite, soit toute autre chose, les mères célibataires sont un phénomène qui n'a fait l'objet d'aucune étude, d'aucune statistique. Et pourtant, l'art des cités, le rap, les films, les livres nous prouvent qu'il est bien réel. On ne peut le nier, il est la conséquence directe des punitions qu'on inflige aux petits trafiquants, le résultat de notre politique carcérale, séquelle additionnelle du trafic. Il arrive que ces filles isolées, ces jeunes mères soient transformées en nourrices, qu'on se serve d'elles pour cacher drogue et argent dans un petit appartement qu'on leur loue en échange. Sont-elles de ce fait des trafiquantes ? Elles n'ont parfois aucune conscience de ce qui se trame dans leur foyer. Nourrice, c'est le seul statut que puisse endosser la femme dans un trafic, un statut qui fait encourir des risques pénaux énormes, comparés à ses avantages et à ses responsabilités, quasi nulles. Ces jeunes filles agissent sous la contrainte financière, sous le coup de menace. Seules, elles tombent sous l'emprise d'un homme. Ce n'est pourtant pas le pire qui puisse leur arriver.

Pot de terre contre pot de fer

Le troisième niveau, extrêmement visible aujourd'hui et trop peu documenté, c'est la question d'une nouvelle génération de jeunes femmes qui se prostituent dans leurs quartiers. En France, la prostitution représente une activité économique aussi florissante que celle des stupéfiants. Diversifiée, elle est tenue par de solides réseaux et assimilée dans les mœurs. On estime que son chiffre d'affaires avoisine chaque année 3 milliards d'euros, 5 700 euros par minute, 102 par seconde, que rapportent par l'exploitation de leur propre corps jusqu'à 40 000 prostitué(e)s, dont 80 à 90 % sont des femmes. Un tiers d'entre elles exercent dans la rue, 8 % dans les bars et les salons de massage, le reste utilise la toile pour rencontrer les clients. Un chiffre plus affolant met en lumière que trois quarts des filles de joie sont d'origine étrangère – nées en France ou immigrées –, preuve irréfutable de leur précarité et de leur isolement.

Face à cette manne souterraine qui ne connaît pas la crise, les enquêteurs de notre Office central pour la répression de la traite des êtres humains disposent d'un budget de 12 millions d'euros, c'est-à-dire deux cent cinquante fois moins que les entrées annuelles de la criminalité qu'ils sont censés combattre. Si l'on compare maintenant ce budget à celui que l'État consacre à la répression de la drogue, on comprend facilement comment ces nouveaux réseaux ont pu prospérer dans les banlieues. Si l'on en croit la police, ils auraient quadruplé en l'espace de deux ans.

Dans les cités, la pratique de la prostitution ne date pas d'hier, mais ces cinq à sept dernières années l'ont vue exploser. À la différence des gangs étrangers qui sévissent depuis des décennies dans le milieu, des microréseaux sont ici à l'œuvre, composés d'individus locaux qui entretiennent des relations depuis longtemps. Tout se passe sur Internet : les proxénètes recrutent sur les réseaux sociaux des filles qu'ils mettront « en location » sur des sites intermédiaires, spécialisés et proliférant. Les rencontres ont lieu dans des appartements ou des locaux souvent loués grâce à des cartes bancaires obtenues sur le dark web, auquel notre jeunesse est de plus en plus accoutumée, rappelons-le. De récentes analyses prouvent que la loi de 2016, pénalisant les clients, a renforcé la fréquentation des sites Internet dédiés à la prostitution, qui bouleversent les techniques traditionnelles des enquêteurs. Désormais, nous faisons face à une prostitution « des petites annonces », un bottin numérique du racolage qui n'a rien à envier aux vitrines des quartiers rouges de certains pays. On ne peut donc plus mesurer la prostitution aux espaces publics qu'elle occupe. Même ce marché vieux comme le monde devient invisible, comme s'il singeait l'économie contemporaine de services, dérive supplémentaire s'ajoutant à la liste noire du libéralisme. La Fondation Scelles, qui combat l'exploitation sexuelle, évalue les revenus annuels d'un proxénète de banlieue faisant tourner cinq filles à 500 000 euros. D'autres placent la moyenne à un million, voire un million et demi. Une prostitution rondement menée s'avère donc plus lucrative que le trafic de stupéfiants, et surtout bien moins dangereuse. Face à elle, le budget des organes de répression (OCRTEH et BRP) constitue une minuscule digue face au tsunami du proxénétisme.

Le cannabis, marieur du quartier et du proxénétisme

Que ce commerce de la chair se soit développé dans les cités n'a rien d'étonnant. Les proxénètes sont le plus souvent issus des banlieues. La majorité d'entre eux connaissent les rouages des trafics parce qu'ils étaient ou sont trafiquants. Ils manient les codes de l'illégalité à merveille et sont habitués à procéder, parfois presque sans s'en apercevoir, en dehors de la loi et des normes de la société. Leurs entreprises, c'est frappant, reproduisent fidèlement l'organisation du trafic de drogue que nous avons décrite. Des guetteurs tiennent les femmes à l'œil, des rabatteurs attirent les clients et récoltent le produit des échanges, tandis que des nourrices le cachent à leur domicile... Bien qu'il soit impossible d'affirmer que le cannabis est la cause directe de cette prostitution nouvelle, je suis convaincu qu'il y joue un rôle considérable. La mentalité cannabistique a servi de trait d'union entre l'environnement des banlieues et le commerce du corps. Je m'explique. À l'origine d'un réseau de prostitution, il y a généralement deux cas de figure. D'un côté, des petites frappes qui, faute de s'intégrer dans un trafic saturé et monopolisé par des bandes en place, faute de connaître l'univers des braquages et du banditisme, saisissent cette opportunité, pourvoyeuse de grosses sommes au sein d'un marché peu concurrentiel. De l'autre côté, d'anciens trafiquants qui, après avoir installé leur business et s'être enrichis, décident de diversifier leur trafic en profitant de l'évolution des mœurs, de parts de marché nouvelles, mais surtout d'une main-d'œuvre et d'un environnement maîtrisés sur le bout des ongles. Le cannabis a donc facilité la reconversion des dealers dans le proxénétisme, l'accoutumance des populations de banlieues au trafic, le délitement progressif des liens de solidarité tout comme celui des interdits sociaux qui lui préexistaient et rendaient impossibles de telles structures d'exploitation.

Second facteur (et non des moindres) : la transformation profonde de l'imaginaire collectif, l'évolution radicale des mœurs et de la culture, portées ou symbolisées par l'apparition et le succès de la « michtonneuse ». Que le terme vienne du vieil argot « michton », désignant le client un peu pigeon d'une prostituée, ou du roumain *misto* qui veut dire « joli », peu importe, il a fait une entrée fracassante sur la scène culturelle il y a une dizaine d'années, lorsque Zahia Dehar, une jeune fille de seize ans, s'est trouvée au cœur d'un scandale massivement relayé par les médias. Sur fond de prostitution de mineures, il impliquait certains joueurs de l'équipe de France de football. Sur cette affaire, chacun est libre d'avoir son point de vue ou de se renseigner, si ce n'est qu'il a donné naissance à une véritable icône, un modèle populaire d'émancipation féminine, de réussite sociale, un exemple d'ascension du degré le plus bas de l'échelle sociale jusqu'à ses sommets. Le terme, la figure de la michtonneuse n'avait jamais existé auparavant dans les quartiers. Aujourd'hui, le mot est souvent associé à une fille intéressée, qui fréquente des hommes ou des garçons fortunés, se fait offrir des cadeaux, profite de sa beauté et de son caractère indomptable pour obtenir de l'argent, se faire entretenir, vivre la grande vie. Doit-on la qualifier de petite amie occasionnelle, d'*escort girl*, de coup d'un soir, de prostituée ? Pour la police, il n'y a pas le moindre doute, mais la question est loin d'être tranchée.

Dans l'esprit de toute une génération, l'affaire Zahia a étendu les limites de la prostitution. Auparavant, sans prendre ces éléments pour des vérités, la sœur était tenue par la figure du grand frère, la fille par celle du père, la femme par celle du mari. La première image véhiculée des quartiers, souvent de façon orientée, le point de départ de la discussion sur le rapport entre les hommes et les femmes était la soumission à l'ordre patriarcal strict, établi par des interdictions vestimentaires, relationnelles, sexuelles, des règles de comportement et de pudeur, liées ou non aux coutumes religieuses, à chacun de le déterminer. Pendant ou après cette affaire Zahia, les cités ont vécu l'émergence de nouvelles figures féminines prêtes à tout pour accéder à l'indépendance et l'émancipation, paraître riches et disposer d'argent, qu'importe comment il est gagné. Cette figure féministe s'est imposée, porteuse d'autres codes, ne respectant plus les mêmes interdits, ne voulant plus suivre les traces des sœurs, des mères et des grands-mères. L'échange de faveurs sexuelles n'est plus signe de soumission. Il permet d'avoir un accès au monde, si possible au grand monde. Au cœur de cette démarche, émerge donc une force vive, celle de jeunes femmes qui cherchent à briser leurs chaînes, une énergie d'indépendance qui pourrait friser l'innocence, si elle n'était pas siphonnée par des aspirations au luxe, par le culte de l'apparence, du selfie, d'Instagram, par l'envie de disposer de tout – ce que Booba a baptisé négativement Beurettes de chicha. Dans l'imaginaire des banlieues, la michto, c'est tout cela à la fois.

Le piège de la michtonnerie

Une barrière culturelle, morale, sociale s'est effondrée il y a dix ans. L'imaginaire s'est reformulé, aussi bien chez les hommes que chez les femmes, les stratégies ont muté, les rôles se sont redéfinis. Le phénomène de la michto dépasse la prostitution traditionnelle et pourtant, c'est surtout à celle-ci qu'il conduit beaucoup de femmes aujourd'hui. Il ne suffit pas d'un changement dans les mœurs pour que le patriarcat disparaisse, bien au contraire. Par un moyen ou un autre, le naturel de la domination masculine revient au galop. La prostitution glamour a débouché sur la michtonnerie, synonyme qui n'est jamais nommé comme tel. Les hordes d'influenceuses, l'identification aux quelques filles ayant réussi, ont abouti à une sexualité banale et revendiquée comme une marque. Le désir d'ascension sociale dirige vers un commerce du corps d'autant plus trompeur qu'il n'est souvent pas reconnu comme une nouvelle marchandisation de la femme, dont le terreau est resté le même – l'absence d'avenir, la pauvreté économique, l'inégalité sociale, mais dont l'expression masque les véritables ressorts. Car le moteur toujours à l'œuvre, c'est l'argent, qui attire les jeunes filles comme leurs amis ou leurs frères. Comme eux, elles le veulent simple et rapide et du fait même de ce désir, elles le croient tel. En voulant sortir de la misère, elles y retournent, frappées par l'appât d'un gain que seules quelques élues parviennent à empocher.

La frontière est peut-être ambiguë dans l'idée, pas dans la pratique. Vulnérables, et dans un tiers voire la moitié des cas, mineures, elles finissent par être dominées par les hommes, qui coupent court à tout espoir d'ascenseur social ou de réussite dans le grand monde.

Quand les dealers deviennent macs

De telles aspirations aboutissent la plupart du temps à deux cas de figure : le michetonnage et la prostitution. Examinons le premier. Dans son mode de fonctionnement, l'État agit non pas sur les causes, mais sur les conséquences : il agit sur l'argent. Sa principale action porte sur les flux financiers, sur le pouvoir d'achat, l'argent liquide, sur la capacité des citoyens à gagner, dépenser, économiser, investir. Compte tenu de la surveillance actuelle de l'État sur les transactions financières, il est presque impossible pour un jeune d'aujourd'hui, disposant de cash en abondance, d'acheter quoi que ce soit en espèces sonnantes et trébuchantes. Sur la maîtrise des conséquences, l'État a été plus efficace que sur le traitement des causes, car la situation est telle que les jeunes dealers ne peuvent plus placer leurs sommes d'argent liquide comme ils le voudraient, en investissant par exemple dans des biens fonciers. Qu'en faire ? Ils le dépensent dans les voyages, les boîtes de nuit, les filles, les biens mobiliers et peu pérennes… Un tel déversement d'argent a provoqué des changements dans les mœurs et les rapports entre les hommes et les femmes. En banlieue, tout s'achète, les filles aussi : c'est cela la michtonnerie. Les jeunes dealers profitent des filles dans leur quartier, car c'est une des seules façons qu'ils ont de dépenser leur argent. D'ailleurs d'après certains, dans leur univers représentatif, un dealer ne va pas sans ses filles ; s'il n'a pas des corps voluptueux autour de lui, il est incomplet, dépareillé. De leur côté, les filles ont besoin d'argent, elles sont dans des situations économiques et familiales difficiles et outre le rêve, le tabou est tombé. D'un côté, les dealers possèdent de fortes sommes en liquide et sont prêts à tout pour les dépenser, de l'autre, les filles en ont besoin. L'argent est une fois encore le dénominateur commun.

Ajoutez à cela l'ambition, les méthodes du trafic et vous obtiendrez notre second cas de figure : la prostitution. En 2018, l'affaire spectaculaire du « proxénétisme des cités » a fait éclater au grand jour un phénomène en gestation depuis longtemps. Pour nommer cette expansion soudaine du nombre de réseaux, les policiers ont une expression : « l'effet Zahia », qui ne doit pourtant pas nous cacher l'essentiel. Nous faisons face à un système qui s'étend, un système amateur, éphémère, court-termiste (et donc facile à démanteler), mais aussi épidémique, comme tous les trafics de banlieue. Pas de gangs internationaux, de crime à grande échelle, juste une prolifération de microréseaux composés de quelques personnes, de petits maquereaux de quartier qui sont à 15 ou 20 % mineurs, comme les filles. La condition : Internet, des plates-formes atomiques, efficaces, discrètes, de mise en relation. Et derrière cette absence de décor, des jeunes filles de quatorze à vingt-cinq ans recrutées un peu partout, sur les réseaux, dans les bars, dans les foyers ou les lycées. Comme les hommes dans le trafic de cannabis, ces femmes entrent dans une boucle dont elles ne perçoivent pas le danger. Après avoir touché un peu d'argent, elles vivent l'enfer réel de la prostitution, fait de menaces, de coups, d'intimidation, de journées séquestrées et de course au profit, quand elles ne tombent pas enceintes ou ne sont pas violées à cause de leur réputation. Même si à ce stade, la question du consentement se pose encore, doit-on la tolérer ? Combien de temps allons-nous supporter que la prostitution se banalise dans des quartiers qui ont déjà tout perdu ou plutôt, qui n'ont jamais rien eu ?

Accélérant le décrochage scolaire, l'addiction aux drogues et à l'alcool, le délitement des liens familiaux, cette pratique de la prostitution altère d'autant plus la société qu'elle normalise l'exploitation des êtres humains, la toute-puissance de l'argent qui justifie tout, l'image délétère que la banlieue se fait d'elle-même.

Cet imaginaire négatif pour la femme, on le retrouve dans les représentations. À ce titre, le rap est une véritable photographie du phénomène sociologique. La michto y est célébrée depuis une petite dizaine d'années, Seth Gueko l'a popularisée en réinvestissant le mot d'une connotation gitane. Il est à parier que la prostitution deviendra bientôt omniprésente dans les œuvres des rappeurs, ou peut-être que des gangs de filles apparus depuis les années 2010 feront contrepoids aux garçons.

La honte de la République, c'est de permettre que des rapports de domination, inacceptables dans une société de justice et d'égalité, poussent des mères de famille à faire la guerre elles-mêmes au trafic, c'est d'avoir tant déserté les territoires marginaux que les citoyens en viennent à présent à organiser leur propre protection, la défense de leur famille, de leurs enfants, de leurs commerces et de leurs écoles, c'est d'être dépassée par la violence omniprésente que subissent les périphéries.

La honte de la République, c'est de fermer les yeux sur la prostitution qui s'y développe à toute allure. C'est d'avoir échoué à promouvoir d'autres valeurs que l'argent, d'autres réussites que la quête de pouvoir. C'est d'avoir donné raison, par des politiques de fuite en avant et d'esquive, à un enchaînement de cause à effet qui désormais banalise le commerce du corps, la sexualité, et conduit des filles mineures à croire que la richesse et le succès peuvent s'obtenir par une nouvelle forme d'exploitation corporelle. C'est de tarder à reconnaître que le proxénétisme prend une ampleur démesurée dans les banlieues et qu'il deviendra bientôt un cauchemar.

7.

Du caïdat au califat ?

Les cités sont des écosystèmes à l'équilibre fragile. Comme dans la nature, chaque variation a une incidence sur l'ensemble. Le chômage conduit à la pauvreté, la pauvreté au trafic, le trafic à l'égoïsme, l'égoïsme à la violence, à la prostitution, et les dérèglements ont suivi une spirale si infernale, nous avons tant multiplié les causes de frustration et de déshérence, tant ébranlé les quartiers, que nous nous retrouvons maintenant dans un écueil, pris au piège de notre propre violence.

Dans ce dernier chapitre, je voudrais parler du triangle néfaste que composent le trafic de drogue, la circulation d'armes et la radicalisation religieuse. Points névralgiques des luttes sociales, civiles, sécuritaires, ces trois dimensions me semblent interdépendantes, si bien qu'un cercle vertueux s'est instauré entre elles, une perméabilité dont chacune tire parti et se renforce. Longtemps resté lettre morte, le lien entre la drogue et le terrorisme émerge dans les études et les rapports gouvernementaux, qui cherchent désormais à recouper les informations, à prendre en compte tous les aspects de la vie des quartiers les plus difficiles. Quelques voix se risquent à dire que les motivations des terroristes ne sont pas uniquement religieuses. Quelques penseurs, comme Farhad Khosrokhavar, étudient leurs parcours en les replaçant dans les territoires dont ils sont issus, en traquant les éléments concordants, les traits sociologiques, qui poussent des jeunes à se convertir puis à embrasser le djihad.

La banalité du flingue

Dans les banlieues, les quartiers enclavés, les cités, à la périphérie des grandes villes, la plupart des réseaux de trafiquants ont donné naissance à des caïdats, qui ont monopolisé le territoire et se sont installés durablement dans l'imaginaire. Les grandes bandes, les petits groupes isolés ou les dealers solitaires se sont professionnalisés. Ils ont adopté les techniques de vente et de management de la grande distribution. La volonté de contrôle des territoires a conduit d'innombrables trafiquants à acheter des armes, aussi bien pour se combattre que sous l'effet d'une culture de la puissance et de l'intimidation. Les pouvoirs publics doivent à présent affronter une machine de mieux en mieux rodée, qui aspire au monopole du pouvoir illégitime, qui tend à se substituer aux forces de l'ordre dans le maintien de la sécurité et de la paix et dont la fonction sociale, de régulation, est à la fois devenue un état de fait, une habitude, et un grand frein à tout progrès, à toute évolution de la situation. Il n'y a plus d'émeutes parce que les trafiquants tiennent la rue.

Le prix à payer de ce *statu quo*, ce sont comme toujours des chiffres mirobolants : entre 6 et 10 millions d'armes à feu en circulation illégale, plusieurs centaines d'homicides chaque année, des milliers de fusillades, des dizaines de millions d'euros d'argent sale, 250 euros pour une Kalachnikov, 380 pour un AK-47… La majorité de ces armes est financée par le trafic et est destinée à protéger intérêts et territoires. Le cannabis est ainsi devenu une question de sécurité publique, car il est impensable que l'État laisse prospérer une telle concurrence à sa souveraineté.

À ces morts du trafic s'ajoutent les décès causés par le terrorisme. Le point de jonction entre ces deux phénomènes se situe bien sûr dans les armes, mais pas uniquement. Parallèlement à la délinquance effrénée, un nouveau type de caïdat vient faire concurrence depuis une dizaine d'années aux anciens, un caïdat qui aspire lui aussi à organiser la vie civile et à réguler les mœurs de la population. Il s'agit de l'islamisme radical.

Relatée par de nombreuses enquêtes policières, décrite et analysée par les journaux, racontée dans les livres, le rap et le cinéma, cette nouvelle religiosité puritaine et sectaire, aussi nommée « salafisme piétiste », dont l'un des courants dominants est les Frères musulmans, a fleuri sur les ruines de la souffrance sociale et de la misère économique. On le constate partout en France et dans tous les pays : les multiples courants de l'islamisme radical prennent racine là où l'État ne tient plus ses promesses, où il ne parvient plus à organiser la vie sociale, où ses vertus ont été brisées par l'exclusion, la précarité et l'effondrement des valeurs. Que ce soit en Turquie, en Égypte ou dans les banlieues françaises, c'est d'abord par un angle social que les radicaux s'emparent des mentalités et conquièrent un pouvoir effectif.

Qu'on ne se méprenne pas, je ne cherche pas à démêler les ramifications, les mille et une obédiences de cette question brûlante, qualifiée improprement d'islamisme, alors qu'il s'agit en réalité de radicalité et de terrorisme, comme il en existe dans d'autres religions. Je veux plutôt mettre en exergue l'une des causes déterminantes de la radicalisation, la décrire, l'expliquer, disséquer ses sources et son fonctionnement. Montrer comment l'islamisme radical a profité du terreau du cannabisme.

L'autre parti fort

Les courants radicaux de l'islam sont devenus l'autre parti fort des quartiers. Pour en arriver là, il a fallu traverser un long processus de désagrégation publique, sociale et économique, ne laissant derrière lui que des aspirants déçus à la royauté de l'argent. Il a fallu que l'État-providence, pourvoyeur de réussite et d'émancipation, abandonne ces territoires. Sur ce terreau d'égarement et de solitude, l'islam radical s'est présenté comme un régénérateur de liens sociaux. Ses différents courants piétistes ont proposé un renouvellement de la communauté, de l'Oumma. Ils ont rassemblé en construisant une rhétorique d'opposition, de substitution à ces valeurs perdues de la République.

Dans les quartiers, la pauvreté était jadis partagée, contrebalancée par un sentiment collectif d'appartenance à la nation, une puissante solidarité, par une communauté de destin qui pouvait d'ailleurs prendre la forme du communisme, ou tout du moins une forme politique. La religion était alors considérée comme une vocation individuelle, une croyance et une pratique privées qui ne devaient pas interférer dans l'espace public : la laïcité, en somme. Depuis que l'État faillit à son devoir, l'identité religieuse dompte l'identité civile, la dévotion se loge petit à petit dans l'espace vacant de la citoyenneté, la mosquée concrétise une renaissance des liens de communauté, du dialogue, des valeurs.

Dans cet univers où une nouvelle ferveur religieuse s'oppose de front à la prédation économique et au diktat de l'argent, au trafic et à la casse sociale les prédicateurs radicaux ont su fédérer une haine contre les valeurs attribuées à l'Occident. Dans leur esprit, tout ce qui atomise, divise, sépare, détruit les mœurs, met en concurrence les individus, tout ce qui introduit cynisme et calcul dans les relations quotidiennes, représente la mentalité occidentale. Les courants radicaux sont des aspirateurs au désir de communauté. Ils réduisent les valeurs occidentales à l'argent et au vice, en s'inspirant d'une réalité incontestable, faite de misère, d'exclusion et de violence.

Je ne crois pas à ce mythe, à cette farce du choc des civilisations. Dans le terrorisme, il n'y a qu'une civilisation qui se combat elle-même, il n'y a qu'un bras qui s'arme et se retourne contre l'autre. Chez nous, le terrorisme n'est pas une guerre entre peuples ou entre États, il est la manifestation la plus violente et cruelle de la pauvreté et de la discrimination, des écarts excessifs de richesse, terreaux de l'endoctrinement religieux.

Du caïdat au califat ?

Les bouleversements récents trouvent leur essence dans le trafic. Du prolétariat au caïdat et du caïdat au califat, les mouvances rigoristes comme celle des Frères musulmans profitent de l'abandon intégral des valeurs que laisse dans son sillage le trafic. Elles prolifèrent dans les quartiers pauvres et les prisons. L'élément le plus révélateur, c'est que les réseaux de trafic et les milieux de l'islam radical se ressemblent à s'y méprendre, comme si leur concurrence n'avait pas simplement lieu sur le même territoire, l'urbain, mais qu'elle se jouait également dans la structure, le type de candidats, la culture et les moyens de recrutement.

Si ces deux formes de caïdats n'existaient que dans une opposition stricte, le diagnostic serait vite rendu : la peste ou le choléra. Une concurrence totale et tranchée simplifierait l'analyse. Pourtant, ces milieux sont perméables les uns aux autres, du fait de leur environnement, des individus qui les composent et des moyens que ceux-ci mettent en œuvre pour accomplir leurs desseins.

En France, comme dans le reste de l'Europe, les principaux foyers de radicalisation, pour ne pas dire l'essentiel d'entre eux, se logent dans ce que le sociologue Farhad Khosrokhavar a nommé « l'urbain djihadogène », c'est-à-dire les cités et les quartiers populaires en périphérie des grandes villes. Ozanam près de Carcassonne, Abrivados à Lunel, Ariane à Nice, Elsau à côté de Strasbourg, Torcy, Artigat, la cité des Buttes-Chaumont. Qu'elles se trouvent en région parisienne, dans le Nord, les Alpes-Maritimes, l'Hérault, la Haute-Garonne ou en Alsace (les principales zones

« rouges »), les filières djihadistes sont presque invariablement à proximité des métropoles, dans des zones urbaines marginales et paupérisées.

Leurs caractéristiques ? Un regroupement massif de populations immigrées ou de minorités ethniques ; une ghettoïsation doublée d'un enclavement du territoire ; un trafic omniprésent devenu normatif ; des taux de pauvreté, de chômage, de déscolarisation et de délinquance outrepassant de très loin les moyennes nationales ; une répression policière démesurée ; des familles éclatées logeant dans des habitations vétustes ; une violence quotidienne excessive et une contre-culture rendant désuète et inefficace la culture nationale. Cet urbain « djihadogène » s'apparente trait pour trait à celui des trafiquants, ce qui est tout à fait normal, puisque c'est le même. Au terme d'une cinquantaine d'années d'exclusion, de désillusions et de promesses bafouées, l'islam est arrivé en force dans les banlieues, promptement suivi de l'islamisme radical, aux ambitions politiques, et par les adeptes du djihad, qui en sont la version mafieuse.

La mafia : n'est-ce pas là le point de jonction des réseaux de trafiquants et des filières djihadistes ? Pour répondre à cette question, il faut s'attarder sur les profils et les trajectoires des terroristes. Immigrés ou fils d'immigrés, ils ne jouissent dans les faits que d'une partie de la citoyenneté française et n'appartiennent plus à leur pays d'origine. Pour moitié, ils sont nés dans les quartiers prioritaires, n'ont aucun diplôme et ont déjà été condamnés par la justice. Cette exclusion sociale et les discriminations intempestives qui en découlent, les contrôles au faciès, le chômage, l'urbanisme, etc. justifient les discours salafistes qui poussent les jeunes à faire sécession avec la République. Prenant leurs crimes pour une vengeance, voire pour de la légitime défense, les terroristes ont tous des parcours d'humiliés, de chiens de la casse, à demi citoyens, à demi hors-la-loi, avec comme seuls horizons l'exploitation vécue par leurs parents, le trafic ou la torpeur de l'inemploi.

Ce n'est donc pas surprenant que les quartiers, viviers de trafiquants, soient également devenus, depuis la brusque renaissance de la ferveur religieuse, des creusets de djihadistes. Cette poussée intervient en outre au même moment qu'un refus massif du système néolibéral dans le monde entier.

Ces jeunes se sont la plupart du temps retrouvés confrontés au trafic ou ont été de véritables trafiquants. Tous les témoignages, tous les parcours concordent à dire qu'islamistes radicaux ou terroristes ont un jour ou l'autre fait partie d'un réseau, d'une bande ou d'un caïdat. Les passerelles entre trafic et radicalisation devenant de plus en plus fréquentes, à mesure que progresse l'emprise des milieux religieux. Le djihad est aussi pour eux une manière de renoncer au trafic, de se laver, de transformer leur vaine dépense de colère en cause politique et religieuse. Les trafiquants comme les djihadistes renoncent quelque part à la famille, à l'école, au droit, à la culture de la République. En cela, le trafic prédispose toute une partie de cette jeunesse à franchir la frontière qui sépare le délit du crime.

Choisir sa mort

Le trafic prépare les futurs terroristes à la transgression définitive. Il acclimate à la violence, au combat de rue, il accoutume ses soldats à la dissimulation, à l'illégalité, les habituant à vivre en marge, les poches remplies d'argent sale, le torse bombé, le regard hostile face aux institutions.

Comme toute mafia, l'islamisme radical recrute ses lieutenants dans les rangs de ceux qui n'ont rien à perdre. Pour cette raison, les trafiquants et les anciens dealers sont en première ligne, eux qui fréquentent déjà les bords du précipice. Vivant dans les quartiers où se côtoient tous les groupes, tous les types de trafic, tous les genres de mafias, les caïdats sont en relation lâche ou étroite avec les cellules djihadistes. Les Frères musulmans, tout comme les salafistes, en plus d'inciter la population à rejeter l'État, à suivre des comportements rigoristes, vont au contact des jeunes pour les rallier à leur cause. Ils sont des proies de choix pour les recruteurs et les prédicateurs, ils sont de plus en plus sensibles à la rhétorique islamiste, si bien qu'un nombre croissant de trafiquants et de mafias s'inspirent de l'islam comme d'un ferment idéologique à leurs entreprises. Figures fraternelles et bienveillantes, au moins jusqu'au moment de l'endoctrinement, les salafistes proposent aux jeunes des valeurs qui fédèrent, une existence profondément politique et une promesse de vengeance conduisant à un monde meilleur.

Il faut imaginer l'écho de leurs paroles dans l'esprit de cette jeunesse laissée pour compte et qui, désespérée, préfère parfois réussir sa mort à défaut de réussir sa vie. Quand on retrace les parcours des terroristes qui ont sévi en France, on prend conscience qu'une large majorité d'entre eux sont d'anciens trafiquants. C'est le cas d'Amedy

Coulibaly, l'assaillant de l'Hyper Cacher, petit dealer devenu assassin, mais également des terroristes du Bataclan, issus de cette économie du deal, de la délinquance et de la débrouille. Omar Omsen, avant de se rendre célèbre comme recruteur, végétait en trafiquant dans la banlieue de Nice. Et c'est le cas de tant d'autres...

Caïdats et filières terroristes en sont venus à interagir, que ce soit dans les modalités de financement, l'acquisition et l'utilisation des armes, le quadrillage du territoire et des planques... Ayant les mêmes fondements, les mêmes méthodes que le crime organisé, le terrorisme a su rapidement développer sa mainmise, car le trafic lui mâchait le travail. Au sein d'une cellule, il suffit qu'une seule personne connaisse une filière de trafic d'armes pour que toute la troupe puisse s'équiper.

Si l'on connaît la provenance des armes, les sources de financement sont en revanche difficiles à évaluer. Des terroristes isolés ont parfois réussi à s'autofinancer en vendant de la drogue. D'autres, plus structurés, ont alimenté leurs caisses en élaborant un petit trafic. Pour le reste, les trafiquants partagent-ils leur manne financière ? Emploient-ils les réseaux de collecteurs de fonds ou les nouvelles technologies pour envoyer à l'étranger une partie de leur argent déjà invisible ? Aident-ils les jeunes recrues à partir ? Finalement, l'histoire se répète : lorsqu'une manne d'espèces, extrêmement localisée, échappe à tout contrôle, on ne peut savoir si c'est elle ou une autre qui alimente les bourses des organisations terroristes. Comment en serait-il autrement ?

Le trafic de drogue et plus particulièrement de cannabis favorise considérablement les réseaux terroristes. Perméables, dans une grande promiscuité, exploitant des méthodes similaires et des forces humaines de même origine, forgés, motivés par un dégoût semblable pour les institutions de notre République, ces milieux se rencontrent, voire fusionnent, en de nombreux points d'articulation : des modes de transmission, de transport et d'échange aux structures hiérarchiques, des voies de financement au commerce d'armes, de la culture de l'illégalité à la haine de l'État dans lequel ils ont grandi.

Le trafic de cannabis révèle clairement ces dynamiques de radicalisation. Il met en valeur les problèmes inhérents à ces quartiers qui vivent désormais en vase clos. L'islam radical apporte-t-il la paix dans les cités ? Là où les prédicateurs jouent le rôle des pacifistes, il maintient une paix relative, à l'égal du « calme des dealers » dont nous connaissons les ravages. Trafiquants et islamistes radicaux doivent négocier, composer ensemble, avec le risque permanent que les premiers arment les seconds et que les seconds enrôlent les premiers.

Certains pensent que l'avenir du djihadisme se trouve dans l'hybridation progressive de ses membres, un pied dans le trafic, un pied dans le terrorisme. Les recruteurs comprennent leur intérêt à s'introduire dans une machine de répression et d'emprisonnement qui tourne aujourd'hui à plein régime : ayant appris à se servir de ce cercle vertueux que l'État, malgré lui, galvanise, il leur reste à réapprendre à se cacher, à se dérober aux nouvelles techniques de surveillance. De notre côté, au lieu de concevoir des lois de plus en plus liberticides, quand songerons-nous à briser le sommet du triangle le plus facile à atteindre, celui qu'occupe le cannabis ?

Conclusion

Nous savons tous que les quartiers ne se résument pas au deal, au terrorisme et à la prostitution. Cependant les quartiers sont gangrenés par le cannabis, c'est indéniable. Ce qui relève d'un constat avéré pour les uns et d'une impasse pour les autres représente selon moi un enjeu crucial de politique publique, qui interroge notre communauté et nécessite une évaluation systémique. Il faut établir un diagnostic, parvenir à un consensus qui intègre toutes les parties prenantes, des habitants aux observateurs, des policiers aux corps judiciaires et médicaux.

Je ne bornerai pas une réalité mouvante et protéiforme aux quelques photographies que j'en ai montré. Je n'appliquerai pas ces illustrations, ces faits divers et ces statistiques aux populations entières qui habitent dans les quartiers et qui en font l'expérience quotidienne. Loin de moi l'idée que la vie y est partout insoutenable. Jamais je ne prétendrai que la République ne mène pas un combat de bonne foi. Dans toute lutte de santé publique, les échéances sont longues et les dénouements incertains. Jamais, enfin, je ne démentirai l'amour, la solidarité, l'énergie, les relations et les entreprises positives, créatrices même, qui existent dans ces environnements urbains à l'histoire et à l'identité uniques.

Si ma démonstration vous a paru implacable ou excessive, j'espère que vous saurez l'imputer à la gravité du sujet. Rien n'est plus difficile, à notre époque, que d'attirer les esprits sur un problème de société. C'est aux habitants des quartiers que je m'adresse, aux citoyens, aux hommes politiques, à mes amis, à toutes les personnes que j'ai rencontrées au cours de ma vie, à tous les artistes avec lesquels j'ai échangé, encore et encore, sur les banlieues, sur la musique et la jeunesse.

Si le propos de ce livre vous paraît juste, qu'il suscite de nouvelles discussions ; s'il vous paraît faux, qu'il soit le socle de nouveaux arguments. Contrairement à d'autres pays, le cannabisme n'a jamais fait l'objet, en France, d'un véritable débat national. Faute de diagnostic partagé, nous avons laissé filer la comète du consensus, qui fut un temps dans notre ciel médiatique : ces dernières années, toutes les fois qu'il a été levé, le voile est retombé peu à peu sur la question. Pendant ce temps, le cannabis a continué sa route. Inflexible, il n'a jamais cessé de frapper les mêmes victimes, pompiers, policiers, jeunes de cités, familles. Chaque fois que nous avons fermé les yeux, chaque fois que nous avons refusé d'en faire un sujet central de société, il s'est immiscé un peu plus dans la réalité quotidienne, dans l'espace public, dans la stratégie politique. Si bien qu'après trois décennies d'intransigeance, dans un monde qui, lui, s'est montré flexible et évolutif, il ne va plus être possible de le passer sous silence et de l'éluder par la répression. Qu'on le veuille ou non, le cannabis est destiné à revenir tôt ou tard sur le devant de la scène.

Allons-nous saisir l'occasion ? Si nous voulons trouver, en commun, de véritables solutions à l'épreuve que constitue cette drogue, il nous faudra quoi qu'il en coûte soulever l'éternel problème de l'exclusion, totalement contraire aux valeurs républicaines lorsque ses causes sont sociales, et complètement scandaleux pour les populations qui en sont victimes, lorsqu'il s'explique par des motifs de représentation. L'exclusion, dans son sens le plus large, empêche notre communauté nationale de traiter ouvertement la question. Elle est le facteur invisible qui nous incite à reporter ce débat indispensable à des temps vagues et lointains. Elle étouffe l'urgence et masque les évolutions.

Prenez par exemple la manne financière. Dans l'esprit de la plupart des gens, si l'argent du trafic leur était soustrait, les banlieues risqueraient de s'enflammer et de se précipiter dans le chaos, puisqu'aucune aide, aucun travail ne viendrait contrebalancer ce déficit de liquidités. Sans l'approuver ou le critiquer, sans défendre que ce numéraire soit inutile ou prétendre au contraire qu'il fait vivre des familles et permet parfois à de vrais projets économiques de naître dans les cités, qu'est-ce que ce cliché tenace révèle sur le cannabis ? Ce qui bloque le débat public et obstrue le dialogue est essentiellement un problème enfoui d'exclusion, une question taboue de pauvreté et d'injustice. Autrement dit, lever le *statu quo* reviendrait à nous confronter à nos démons.

Par un enchaînement de causes et de conséquences, il n'est cependant plus possible de leur tourner le dos. La situation a tant évolué ces trente dernières années, elle est devenue si urgente, que nous ne pouvons plus la résoudre aujourd'hui avec les méthodes musclées que nous utilisions hier. L'urgence, ce sont des familles excédées, c'est une école en perte de vitesse, une police au bord du gouffre, une jeunesse qui se sabote elle-même et qui prend petit à petit l'avantage dans l'univers des représentations. L'urgence, c'est un bouleversement nouveau, le terrorisme, dont l'extension redéfinit les tenants et les aboutissants de la lutte. Trente ans plus tard, ces économies souterraines, ces réseaux, ces phénomènes culturels et sociaux mettent plus que jamais en danger la communauté nationale dans ce qu'elle a de plus cher : son intégrité.

De nos jours, la République ne risque pas seulement de subir son propre racisme, elle s'expose à la création d'un lumpenprolétariat massif qu'accroîtra chaque génération nouvelle. Elle se condamne à instaurer, à consacrer une forme d'apartheid qu'elle n'a jamais connue et dont les seuls principes sont la pauvreté et les origines. Elle se voue enfin à mettre au ban toute une partie de sa jeunesse, de ses forces les plus vives, sous un prétexte d'ordre social que rend désuet, voire dangereux chaque jour qui passe. Seulement, sur ce dernier point, il est clair qu'un jeune de seize ans, quel que soit son parcours, est toujours un enfant. On ne naît pas délinquant, on le devient. Et on ne le devient pas sans un environnement qui nous y pousse. C'est à la société de protéger ses enfants des vicissitudes. C'est à elle de ne plus tolérer la souffrance. Nous avons pris acte d'un marché de masse et y avons répondu par une répression massive. Maintenant, il est impératif de prendre acte d'une exclusion massive et d'y répondre par une intégration de masse. Voilà le défi de la transition cannabistique.

J'ai conscience qu'il faudrait au moins un autre ouvrage, pensé, rédigé, porté par toutes les parties prenantes et mettant en œuvre toutes les compétences nécessaires, pour que la situation telle qu'elle nous est donnée puisse évoluer. Une solution unique n'existe pas. Devant ce mal endémique, c'est une transition complète qu'il nous faut imaginer, aussi pragmatique que celle qui a présidé à la construction de l'Europe. Un mouvement qui doit comporter un volet économique, un pendant culturel et social, une orientation médiatique. Cette transition pourrait être mise en chantier par des projets quinquennaux, qui incluraient la culture du chanvre dans son ensemble, jadis supplantée par les matériaux de synthèse après la Première Guerre mondiale, mais dont les vertus écologiques connaissent aujourd'hui un retour en grâce. N'est-ce pas l'occasion de planifier, de repenser toute la filière de cette plante interdite et déchue, aussi bien dans sa dimension agricole et économique que dans son aspect social, culturel, thérapeutique ?

Ce que je propose, sur la base d'un diagnostic débattu et partagé, c'est un projet républicain, une transition cannabistique, qui ne se fera pas sans l'investissement vertueux des milliards que nous y gagnerons, qui ne s'élaborera pas sans y intégrer ceux qui sont encore considérés comme des hors-la-loi, alors qu'ailleurs ils sortent de prison et rentrent dans le rang, comme on peut le voir aux États-Unis depuis les nouvelles réglementations. Que la majorité des citoyens s'intéressent à ce sujet, porte d'entrée vers une myriade d'autres trames politiques, c'est mon souhait le plus cher. Que nous nous sentions tous concernés par le système cristallisé dans cette substance, dans cette matière des marges, que la République reprenne le dessus par le dialogue et l'innovation, c'est mon vœu le plus ardent. Notre République est libre, égalitaire, sociale, protectrice, c'est par amour pour ses enfants, pour son droit, son territoire et sa culture qu'elle a été bâtie : pourquoi ne montrerait-elle pas une preuve supplémentaire de ses engagements ? Pour que nous en soyons à nouveau fiers.

Sources et documentation

1. Le cannabisme tue

La synthèse du Conseil d'analyse économique sur le cannabis :

Emmanuelle Auriol, Pierre-Yves Geoffard, *Cannabis : comment reprendre le contrôle ?*, Les notes du Conseil d'analyse économique, nº 52, juin 2019.

Les données essentielles du cannabis, base de la documentation :

François Beck (dir.), « Cannabis : usages actuels en population adulte, Résultats de l'enquête baromètre santé 2016 », Saint-Denis, Observatoire français des drogues et des toxicomanies (OFDT), 2016.

François Beck (dir.), *Drogues, Chiffres clés* (7e édition), Saint-Denis, Observatoire français des drogues et des toxicomanies, juin 2017, 8 p.

Julien Morel d'Arleux (dir.), *Drogues et addictions, données essentielles*, Saint-Denis, Observatoire français des drogues et des toxicomanies, 2019.

EMCDDA, *Rapport européen sur les drogues 2019 : tendances et évolutions*, Luxembourg, Publications Office of the European Union, 2019, 98 p.

François Beck (dir.), *Jeunes et Addictions*, Saint-Denis, OFDT, 2016, 208 p.

Les chiffres du tabac :

Marc-Antoine Douchet, *Tabagisme et arrêt du tabac en 2019*, Saint-Denis, Observatoire français des drogues et des toxicomanies, février 2020.

Les effets du cannabis sur la santé, état des lieux :

National Academies of Sciences, Engineering and Medicine, « The Health Effects of Cannabis and Cannabinoids : The Current State of Evidence and Recommendations for Research », Washington DC, The National Academies Press, 2017.

Soline Roy, « Effets du cannabis : les preuves scientifiques passées au crible », *Le Figaro* (en ligne), 17 janvier 2017.

Inserm (dir.), *Cannabis : Quels effets sur le comportement et la santé ?*, Paris, Les Éditions Inserm, 2001, XII-429 p.

L'effet d'escalade et la polyconsommation :

Vincent Olivier, « Sept choses à savoir sur le cannabis », *L'Express* (en ligne), 5 décembre 2012.

Nathalie Szapiro-Manoukian, « Le cannabis et les consommateurs ont changé », *Le Figaro* (en ligne), 8 octobre 2017.

Une étude concluante sur les troubles mentaux favorisés par le cannabis :

The EU-GEI WP2 Group, « The contribution of cannabis use to variation in the incidence of psychotic disorder across Europe (EU-GEI) : a multicentre case-control study », *The Lancet Psychiatry* 6 (5), 2019, p. 427-436.

Des preuves que le cannabis fait baisser le QI :

Meier, Madeline H., Caspi, Avshalom, *et al.*, « Persistent Cannabis Users Show Neuropsychological Decline from Childhood to Midlife », *Proceedings of the National Academy of Sciences*, August 2012.
Sandrine Cabut, « Cannabis chez les adolescents : le QI en fumée », *Le Monde* (en ligne), 6 septembre 2012.

Sur la teneur en THC de la résine et de l'herbe :

European Monitoring Centre for Drugs and Drug Addiction and Europol, *EU Drug Markets Report : In-Depth Analysis, EMCDDA – Europol Joint publications*, Luxembourg, Publications Office of the European Union, 2016.
Anne-Aël Durand, Jérémie Baruch, Pierre Breteau, « Faut-il légaliser le cannabis en France ? Vingt arguments pour se forger une opinion », *Le Monde* (en ligne), « Les Décodeurs », 2 juillet 2019.

Le cannabis pendant la crise de Covid-19 et le confinement :

Jean-Yves Nau, « Confinement et cannabis, cachez cette addiction que le gouvernement ne saurait voir », *Slate* (en ligne), 2 avril 2020.
Marc Leras, « Cannabis et confinement : l'étude en ligne sur les habitudes des fumeurs qui cartonne », *Le Parisien* (en ligne), 22 avril 2020.
Clément Gérome, Michel Gandilhon, « Usages, offre de drogues et pratiques professionnelles au temps du Covid-19 : les observations croisées du dispositif TREND », Bulletin n° 1, OFDT, mars-avril 2020, 15 p.
Clément Gérome, Michel Gandilhon, « Usages, offre de drogues et pratiques professionnelles au temps du Covid-19 : les observations croisées du dispositif TREND », Bulletin n° 2, OFDT, avril-mai 2020, 20 p.

2. L'or vert : une économie sauvage

Le marché de la drogue en France, et plus précisément dans les banlieues :

Christian Ben Lakhdar, N. Lalam et D. Weinberger (2016), *L'Argent de la drogue en France, Estimation des marchés des drogues illicites*, INHESJ, MILDECA, Premier ministre.

Michel Gandhilon, « Les drogues illicites en France : un marché en forte croissance », *Sécurité globale*, vol. 5, 2016, p. 29-36.

Alexandre Marchant, « Drogues et banlieues : une histoire encore méconnue (France, années 1970-1980) », Vih.org (site internet), 3 août 2015.

L'argent du cannabis, estimations :

Christian Ben Lakhdar, « Le trafic de cannabis en France : estimation des gains des dealers afin d'apprécier le potentiel de blanchiment », Observatoire français des drogues et des toxicomanies (OFDT), Saint-Denis, novembre 2007.

Stanislas Spilka, Stéphane Legleye, « Chiffre d'affaires du cannabis en 2017, Une nouvelle estimation directe par la dépense », *Tendances* n° 137, Paris, Observatoire français des drogues et des toxicomanies, mars 2020, 6 p.

Le cannabis, « principe actif » de la dérive de nombreux quartiers :

Jérôme Fourquet, *L'Archipel français, naissance d'une nation multiple et divisée*, Seuil, 2019.

Organisation du trafic, recrutement des jeunes, violence du modèle économique :

Michel Gandilhon, *Aspects sociologiques et criminologiques des trafiquants*, OFDT, 2019.

Cédric Gouverneur, « Le capitalisme débridé du cannabis » (inédit), *Manière de voir* n° 163, février-mars 2019, « Drogues, Changer la donne ».

La mission d'information de l'Assemblée nationale sur l'amende forfaitaire de 200 euros :

Éric Poulliat, Robin Reda, « Rapport de la mission d'information relative à l'application d'une procédure d'amende forfaitaire », n° 595, Paris, Assemblée nationale, janvier 2018.

L'argent qu'apportent à l'État le tabac et l'alcool, par rapport au cannabis :

Anne-Aël Durand, « Oui, l'alcool (et surtout le vin) est beaucoup moins taxé en France que le tabac », *Le Monde*, « Les Décodeurs », 12 octobre 2018.

L'économie du cannabis pendant le confinement :

Nicolas Chapuis, Simon Piel, Romain Geoffroy, Louise Couvelaire, Luc Leroux, « Coronavirus : des grossistes aux clients, le trafic de drogue mis à l'arrêt par les mesures de confinement », *Le Monde*, 27 mars 2020.

Simon Piel, « L'effet du confinement sur le trafic de drogue : fin des "mules" et des "go fast", cannabis bloqué en Espagne », *Le Monde*, 7 avril 2020.

Michel Henry, « Cannabis : les prix explosent pendant le confinement », *Mediapart*, 16 avril 2020.

3. Territoires de violence

Le trafic de drogue, créateur de violences et destructeur du vivre-ensemble :

Hacène Belmessous (juin 1993), « Drogue, le nouveau supplice des cités », *Manière de voir*, n° 163 (février-mars 2019), « Drogues. Changer la donne ».
Claire Duport (2016), « De l'argent facile », *Mouvements*, vol. 86, n° 2, p. 71-79.
Michel Kokoreff, Didier Lapeyronnie, *Refaire la cité, L'avenir des banlieues*, Paris, Seuil, coll. « La République des Idées », 2013.
Didier Lapeyronnie, *Ghetto urbain : ségrégation, violence, pauvreté en France aujourd'hui*, Paris, Robert Laffont, 2008.

Formation et identité des bandes qui luttent pour les territoires :

Caroline Politi, « Quelle réalité derrière la guerre des bandes en France ? », *20 Minutes* (en ligne), 3 octobre 2018.
Lamence Madzou, *J'étais un chef de gang*, Paris, La Découverte, 2009.
Olivier Norek, *Code 93*, Paris, Pocket, 2014.
Olivier Norek, *Territoires*, Paris, Pocket, 2015.

L'histoire des grands ensembles :

Manon Quérouil-Bruneel et Malek Dehoune, *La Part du ghetto*, Paris, Fayard, 2018.

Mehdi Ajerar, « Géopolitique de la violence urbaine : entre réalité et représentations », *Conflits* (en ligne), 3 décembre 2019.

Xavier de Jarcy, *Les Abandonnés, Histoire des « cités de banlieue »*, Paris, Albin Michel, 2019.

Pierre Merlin, *Des grands ensembles aux cités, L'avenir d'une utopie*, Paris, Ellipses, 2012.

Évelyne Bouzzine (dir.), *Histoire des grands ensembles, mémoire des habitants*, Actes de la journée d'information et de réflexion, organisée par le Centre de ressources politique de la ville en Essonne, le 1er décembre 2005, 62 p.

Un exemple emblématique de règlement de compte :

Rémi Dupré et Jean-Pierre Tenoux, « À Besançon, le quartier Planoise vit au rythme des règlements de comptes », *Le Monde* (en ligne), 9 mars 2020.

Recrudescence de violences pendant la crise sanitaire :

Jean Chichizola, « La carte des violences urbaines pendant le confinement », *Le Figaro* (en ligne), 6 mai 2020.

La « paix » relative des cités vient-elle du trafic ?

Christian Ben Lakhdar & Aymeric Reyre, « Comment légaliser le cannabis sans embraser les cités ? », *Métropolitiques* (en ligne), 24 septembre 2018.

4. Police : un million d'heures perdues

La politique de répression française, histoire et particularités :

Ivana Obradovic, « Trente ans de réponse pénale à l'usage des stupéfiants », Observatoire français des drogues et des toxicomanies, octobre 2015.

Bénédicte Desforges, *Flic, Chroniques de la police ordinaire*, Paris, Michalon, 2007.

Adrien Sénécat, « 6 graphiques qui montrent les limites de la répression des drogues en France », *Le Monde* (en ligne), « Les Décodeurs », 8 avril 2016.

Résumé de toutes les lois encadrant les drogues :

https://www.drogues.gouv.fr/ce-que-dit-la-loi/en-matiere-de-stupefiants

La nouvelle politique du chiffre et ses conséquences :

Bénédicte Desforges, « Politique du chiffre et délit d'usage de stupéfiants », *Police* (en ligne), 6 octobre 2018 (consulté en mars 2020).

Rachel Knaebel, « Pourquoi d'anciens policiers et gendarmes prônent la dépénalisation de l'usage des drogues et du cannabis », *Basta !* (en ligne), 12 avril 2019.

Bénédicte Desforges, Thierry Tintoni, Jean-Luc Garcia, « Manifeste du collectif Police contre la prohibition », Stop La Prohibition (en ligne).

Collectif, « Contre la pénalisation des usagers de drogues », tribune du 9 mai 2019, *Libération*.

Christian Mouhanna, *La Police contre les citoyens ?*, Paris, Champ Social Éditions, 2011.

Les contrôles d'identité :

Défenseur des droits, *Enquête sur l'accès aux droits. Relations police/population : le cas des contrôles d'identité*, Paris, 2017 (en ligne).

Éric Coquerel (rapporteur), « Rapport fait au nom de la commission des lois constitutionnelles, de la législation et de l'administration générale de la République, sur la proposition de loi relative à la mise en place d'un récépissé dans le cadre d'un contrôle d'identité (n° 520) », Paris, Assemblée nationale, 24 janvier 2018, n° 593, 59 p.

La corruption à l'intérieur de la police :

« Deux policiers de la BAC mis en examen pour trafic de drogue et corruption », *Le Point* (en ligne), 15 juin 2019.

Richard Schittly, « L'ex-patron des stups mis en examen pour trafic de drogue », *Le Monde* (en ligne), 25 août 2017.

Éléonore Quesnel, « Policiers et trafic de stupéfiants : trois cas de corruption », *Les Inrockuptibles* (en ligne), 29 septembre 2011.

« Un policier mis en examen pour vol de cannabis », *Le Figaro* (en ligne), 22 mars 2016.

Brendan Kemmet, « Scandale(s) à l'Office des stups : un nouveau commissaire en difficulté », *Mediapart* (en ligne), 23 mai 2019.

Emmanuel Fansten, « Drogues : les Stups en déroute, Beauvau lance son Ofast », *Libération* (en ligne), 16 septembre 2019.

La politique carcérale de la France :

Adeline Hazan, « Réforme de la justice : pour le gouvernement, la peine de référence reste l'incarcération », Entrevue menée avec Jean-Baptiste Jacquin, *Le Monde* (en ligne), 24 mars 2020.

5. La rue contre l'école

Le monopole des grandes écoles par des élites :

Yannick Bodin (rapporteur), « Diversité sociale dans les classes préparatoires aux grandes écoles : mettre fin à une forme de délit d'initié », Rapport d'information fait au nom de la commission des affaires culturelles et de la mission d'information, Paris, Sénat, n° 441, 12 septembre 2007, 163 p.

Maryline Baumard, « Ces lycées qui monopolisent la fabrique des élites », *Le Monde* (en ligne), 12 octobre 2011.

Cécile Peltier, « 80 % des élèves de l'X issus de 10 lycées : le recrutement polarisé des écoles d'ingénieurs », *Le Monde* (en ligne), 10 février 2019.

La rue contre l'école, méritocratie et anti-méritocratie :

Kery James, Leïla Sy, réal., *Banlieusards*, Les Films Velvet, SRAB Films, 2019.

Grand Corps Malade, Mehdi Idir, réal., *La Vie scolaire*, Mandarin Cinéma, 2019.

Benjamin Moignard, *L'École et la Rue : fabrique de délinquance*, Presses universitaires de France, 2008.

Les processus de formation des bandes, notamment en opposition avec l'école :

Marwan Mohammed, *La Formation des bandes de jeunes : entre la famille, l'école et la rue*, Paris, Presses universitaires de France, coll. « Le Lien social », 2011.

Marwan Mohammed, Laurent Mucchelli, « La police dans les quartiers populaires : un vrai problème ! », *Mouvements*, 2006/2 (nº 44), p. 58-66.

Marwan Mohammed, *La Place des familles dans la formation des bandes de jeunes*, Thèse de doctorat, Sociologie, Versailles, Université de Versailles-Saint-Quentin-en-Yvelines, 2007.

Une enquête de grande ampleur sur la discrimination à l'embauche :

Laetitia Challe, Sylvain Chareyron, Yannick L'Horty, Pascale Petit, *Discrimination dans le recrutement des grandes entreprises : une approche multicanal*, Paris, CGET – Fédération TEPP (CNRS), janvier 2020.

6. Le cannabis michtonne les filles

Les différents modèles de prostitution, pays par pays :

Cécile Marin, « Prostitution en Europe : un éventail de législations », *Le Monde diplomatique* (en ligne), janvier 2017.

William Irigoyen, « Prostitution, la guerre des modèles », *Le Monde diplomatique* (en ligne), janvier 2017.

Documentation générale sur la prostitution :

Catherine Marx, *Les Différents Visages de la prostitution, Débat citoyen*, Noisy-sur-École, Éditions de l'Éveil, 2014.

Manon Quérouil-Bruneel, Malek Dehoune, *La Part du ghetto*, Paris, Fayard, 2018.

Les chiffres de la prostitution en France :

Yves Charpenel (dir.), *Système prostitutionnel : Nouveaux défis, nouvelles réponses* (5e rapport mondial), Paris, Fondation Scelles, 2019.

L'affaire Zahia et le mot « michto » :

Laurent Borredon, « Affaire Zahia : michto ou micheton-neuse ? », *Le Monde* (en ligne), 18 août 2012.

Laurent Borredon, « Le procès de l'affaire Zahia lève le voile sur le milieu interlope de la nuit parisienne », *Le Monde* (en ligne), 18 juin 2013.

La prostitution en ligne :

Laura Motet, « Dossier : les dessous de la prostitution par petites annonces » (3 articles), *Le Monde* (en ligne), « Les Décodeurs », 2 février 2017.

Le proxénétisme des cités :

Manon Quérouil-Bruneel, « Dealers de femmes : le proxénétisme dans les cités, nouvelle activité florissante », *Marie Claire* (en ligne), 31 janvier 2017.

Émilie Brouze, « Prostitution : la triste vie des filles de joie », *Marie Claire* (en ligne), février 2012.

Bruno Pomart, « Proxénétisme dans les banlieues : le nouveau phénomène "tendance" sur les réseaux sociaux », Raid Aventure (en ligne), 2 juillet 2019.

La nouvelle vague numérique de prostitution :

Jean-Marc Droguet, « Prostitution sur Internet : Si un site ferme, un autre ouvre le lendemain », Entrevue menée avec Florian Loisy, *Le Parisien* (en ligne), 9 mai 2019.

La croissance des affaires de proxénétisme dans les cités :

Catherine Champrenault (procureur générale de la cour d'appel de Paris), « Les affaires de proxénétisme dans les cités se multiplient » (tribune), *Le Parisien – Aujourd'hui en France* (en ligne), 17 juin 2018.

Fanny Delporte, Denis Courtine, « L'explosion du proxénétisme de cité » (podcast, 18 min), *Le Parisien* (en ligne), « Code Source », 9 septembre 2019.

Jean-Marc Droguet (directeur de l'Office central pour la répression de la traite des êtres humains), « Proxénétisme dans les cités : plus de 120 affaires en 2018, la moitié des victimes sont mineures », Entrevue réalisée par *France Info* (en ligne), 29 mai 2019.

Stéphane Sellami, « Prostitution : enquête sur les nouveaux visages du proxénétisme en France », *Le Point* (en ligne), 6 août 2018.
Plana Radenovic, « Prostitution, braquages, grand banditisme : le bilan annuel de la criminalité organisée », *Le Journal du Dimanche* (en ligne), 4 juillet 2019.

L'identité des prostituées mineures en Seine-Saint-Denis :

Ernestine Ronai (dir.), « Étude sur la prostitution des mineur(e)s en Seine-Saint-Denis », Observatoire des violences envers les femmes, Conseil départemental de la Seine-Saint-Denis, novembre 2019.

7. Du caïdat au califat ?

La théorie des hybrides :

Jean-François Gayraud, *Théorie des Hybrides, Terrorisme et crime organisé*, Paris, CNRS Éditions, 2017.
Jean Chichizola, « Terrorisme et psychiatrie : le défi des profils hybrides », *Le Figaro* (en ligne), 13 septembre 2019.

Les jeunes qui se radicalisent passent souvent par le trafic :

Xavier Crettez et Bilel Ainine, *« Soldats de Dieu », Paroles de djihadistes incarcérés*, Paris, Éditions de l'Aube – Fondation Jean Jaurès, 2017.

Marc Hecker, « 137 nuances de terrorisme, Les djihadistes de France face à la justice », *Focus stratégique*, nº 79, IFRI, avril 2018.

François Molins (procureur général près la cour de Cassation), « La menace terroriste a changé, le risque c'est le passage à l'acte d'individus isolés », entrevue menée avec Alexandra Bensaid et Nicolas Demorand, *France Inter* (en ligne), « Le Grand Entretien », 30 octobre 2018.

Farhad Khosrokhavar, « L'Europe va vers un djihadisme post-État islamique » (tribune), *Le Monde* (en ligne), 28 mars 2017.

Sara Ghibaudo, *13 novembre : l'enquête* (série radiophonique en 9 parties), France Inter (en ligne), 2019.

Les repentis du djihadisme s'expriment :

Dounia Bouzar, Farid Benyettou, *Mon djihad : itinéraire d'un repenti*, Paris, Autrement, 2017.

« Jean-Daniel et Nicolas : itinéraire de convertis djihadistes en Syrie », *Le Point* (en ligne), 6 janvier 2014.

« Terrorisme : des frères de sang », *Le Parisien Week-End* (en ligne), 25 novembre 2015.

L'itinéraire des armes des djihadistes :

Hervé Gardette, « Comment les armes se retrouvent-elles dans les mains des terroristes ? », France Culture (en ligne), « Du Grain à Moudre », 25 mars 2016.

« L'urbain djihadogène », favorisé par le trafic de cannabis :

Farhad Khosrokhavar, « Un urbain "djihadogène" » (tribune), *Le Monde* (en ligne), 14 mai 2018.

Farhad Khosrokhavar, « La sociologie de la radicalisation », entrevue menée avec Anne Châteauneuf-Malclès, Lyon, SES-ENS, 10 janvier 2016.

Farhad Khosrokhavar, *Le Nouveau Jihad en Occident*, Paris, Robert Laffont, 2018.

La radicalisation, notamment en prison, où se côtoient trafiquants et recruteurs :

Hugo Micheron, *Le Jihadisme français : quartiers, Syrie, prisons*, Paris, Gallimard, 2020.

Laurent Bonelli, Fabien Carrié, *La Fabrique de la radicalité, Une sociologie des jeunes djihadistes français*, Paris, Seuil, 2018.

Conclusion

L'univers politique semble s'emparer du dossier du cannabis :

François Béguin, « Le cadre de l'expérimentation du cannabis thérapeutique en France dévoilé », *Le Monde* (en ligne), 19 juin 2019.

Damien Coulomb, « L'expérimentation du cannabis thérapeutique reportée à janvier 2021 », *Le Quotidien du médecin* (en ligne), 4 juin 2020.

Tribune inspirée par le député des Bouches-du-Rhône François-Michel Lambert, « Après la crise du Covid-19, il faut légaliser le cannabis, vite ! », *L'Obs*, 18 juin 2020.

L'Assemblée nationale engage une vaste mission d'information sur la filière du chanvre, ainsi que le cannabis thérapeutique, de bien-être et récréatif :

http://www2.assemblee-nationale.fr/15/commissions-permanentes/commission-des-affaires-culturelles/missions-d-information/reglementation-et-impact-des-differents-usages-du-cannabis

Juliette S., « Le cannabis à la loupe à l'Assemblée nationale », *Santé sur le Net* (en ligne), 8 février 2020.

Pour en savoir plus sur la culture du chanvre, une filière destinée à renaître :

Laura Béheulière, « Le chanvre industriel, nouvel or vert ? », *Terres et Territoires* (en ligne), 4 juin 2020.

Laetitia de Cortanze, « La filière Chanvre en France, des débouchés hallucinants », *Franchement Bien* (en ligne), 20 mars 2018.

« La culture du chanvre en France : situation et opportunités », Weedy (en ligne), 2 mars 2020.

TABLE

Introduction 9

1 – Le cannabisme tue 17
2 – L'or vert : une économie sauvage............ 35
3 – Territoires de violence........................... 55
4 – Police : un million d'heures perdues........ 71
5 – La rue contre l'école................................ 89
6 – Le cannabis michtonne les filles.............. 109
7 – Du caïdat au califat ? 129

Conclusion 145
Sources et documentation................................ 153

Cet ouvrage a été composé par NORD COMPO

Imprimé en France par
CPI BRODARD & TAUPIN (72200 La Flèche)
en septembre 2020

pour le compte des Éditions J.-C. LATTÈS
17, rue jacob – 75006 Paris

PAPIER À BASE DE
FIBRES CERTIFIÉES

JC Lattès s'engage pour
l'environnement en réduisant
l'empreinte carbone de ses livres.
Celle de cet exemplaire est de :
350 g éq. CO_2
Rendez-vous sur
www.jclattes-durable.fr

N° d'impression : 3040191
Dépôt légal : octobre 2020